Le petit livre de
Cakes salés et sucrés

Héloïse Martel

Le petit livre de
Cakes salés et sucrés

© Éditions Générales First, 2005

Le Code de la propriété intellectuelle interdit les copies ou reproductions destinées à une utilisation collective. Toute représentation ou reproduction intégrale ou partielle faite par quelque procédé que ce soit, sans le consentement de l'auteur, de ses ayants droit ou de ses ayants cause est illicite et constitue une contrefaçon sanctionnée par les articles L 335-2 et suivants du Code de la propriété intellectuelle.

ISBN 2-87691-994-X
Dépôt légal : 1er trimestre 2005
Imprimé en Italie

Mise en pages : Georges Brevière

Nous nous efforçons de publier des ouvrages qui correspondent à vos attentes et votre satisfaction est pour nous une priorité.
Alors, n'hésitez pas à nous faire part de vos commentaires à :

Éditions Générales First
27, rue Cassette, 75006 Paris
Tél : 01 45 49 60 00
Fax : 01 45 49 60 01
e-mail : firstinfo@efirst.com

En avant-première, nos prochaines parutions, des résumés de tous les ouvrages du catalogue. Dialoguez en toute liberté avec nos auteurs et nos éditeurs. Tout cela et bien plus sur Internet à www.efirst.com

INTRODUCTION

Ingénieux et inratables, les cakes se déclinent aujourd'hui sur tous les modes, sucrés ou salés, et se dégustent à toute heure.

Que les associations des ingrédients ajoutés à la pâte « de base » soient classiques ou inattendues, les cakes font l'unanimité. Alors n'hésitez plus.

Les ingrédients

Choisissez bien les ingrédients de base de vos cakes :
- la farine : prenez une farine tamisée qui évite le risque de grumeaux ;
- la levure : choisissez une levure en sachet qui vous dispense de dosages difficiles ;
- le beurre : vous pouvez utiliser du beurre doux ou du beurre demi-sel. Dans ce cas, n'ajoutez pas de sel à la pâte en cours de préparation ;
- le lait : le lait entier est préférable au lait demi-écrémé, car il donne aux cakes plus de moelleux ;
- les œufs : ils doivent, bien sûr, être très frais ;
- l'huile : choisissez de l'huile d'olive pour les

cakes salés incluant des tomates, des olives, certains fromages, ou de l'huile de tournesol, au goût plus neutre pour les autres garnitures.

Cakes à toute heure

Nourrissants, savoureux, rassurants ou surprenants, les cakes ont leur place sur votre table à toute heure. Ceux qui boudent d'habitude le petit-déjeuner le matin se laisseront peut-être séduire par un cake sucré, ou pourquoi pas salé. Les cakes sont des plats idéaux pour le brunch du dimanche matin. Salés, ils sont parfaits, accompagnés d'une salade et suivis de fruits frais pour un déjeuner rapide. L'après-midi, les cakes sucrés accompagnent merveilleusement le thé, le café, mais aussi le chocolat ou les jus de fruits.

Surprenez vos amis en proposant à l'apéritif des tranches de cakes salés. Ils constituent aussi une solide entrée pour un dîner, certains peuvent même accompagner une viande rôtie, ou, pour être « tendance », une salade ou un fromage.

Quant aux cakes sucrés, ils permettent de donner un peu de fantaisie à une salade de fruits, une glace, un sorbet, ou se servent tels quels, pour

terminer en douceur un repas savoureux.
N'oubliez pas aussi de les emporter au bureau pour la pause déjeuner, de les confier à vos enfants pour la pause fringale du matin ou de l'après-midi, à l'école. Et enfin, bien sûr, ces cakes sont les rois des pique-niques et des buffets.

Le coup de main

Rien de plus simple que la préparation d'un cake ; mais pour un résultat parfait, voici quelques recommandations :
- Farinez légèrement les ingrédients comme les fruits frais ou secs, les lardons, le fromage, etc. avant de les incorporer à la pâte ; sinon, ils tombent au fond du moule.
- Mélangez énergiquement à la cuillère en bois ou au fouet les ingrédients de base afin que la pâte soit parfaitement homogène.
- Prenez un moule adapté aux quantités d'ingrédients indiquées ; un moule de 22 à 24 cm de long convient pour 4 à 6 personnes. Les moules souples en silicone permettent un démoulage impeccable mais attention : posez-les sur la grille du four avant de les remplir !

Raffinés : les petits moules individuels, qui permettent une présentation raffinée, pour le thé ou le petit-déjeuner par exemple.
- Beurrez légèrement le moule afin de pouvoir démouler le cake sans problème.
- Le temps de cuisson est variable selon les fours, les moules et les préparations. Nous avons indiqué une durée de 45 min minutes, mais nous vous conseillons de vérifier la cuisson en plongeant la lame d'un couteau au centre du cake. Si la lame ressort sèche, le cake est cuit. Sinon, prolongez la cuisson de quelques minutes.
- Laissez tiédir ou refroidir le cake de préférence sur une grille.

L'équilibre alimentaire

Les ingrédients de base des cakes apportent des glucides (sucre et farine), des lipides (huile ou beurre) et des protéines (œufs et lait). Bien que les cakes soient nourrissants, il vous est possible de composer un menu équilibré, si vous leur associez des légumes et des fruits.

Vive l'imagination !

Vous aimez le traditionnel cake anglais aux fruits confits ? Vous aimerez ces cakes, classiques ou inventifs. Étonnez et régalez votre famille et vos amis, même, avec les restes du frigo. Ce n'est pas difficile : mariez un peu de jambon avec des olives, de l'estragon, des figues, du gruyère, alliez le fromage aux noix, au cumin, aux fruits…

Découvrez dans ce *Petit Livre* plus de 130 recettes parmi lesquelles : le cake au chèvre et aux poires, le cake à la mimolette et aux noisettes, le cake au crabe et à l'aneth, le cake aux tomates séchées et au romarin, le cake aux magrets fumés et aux pignons de pin, et, pour les amateurs de sucré : le cake aux oranges et à la cannelle, le cake aux clémentines confites, le cake au chocolat et aux épices, le cake au rhum et à la vanille, le cake soufflé aux marrons, et, pour les accompagner, le coulis de tomates aux herbes, le coulis de groseilles et le sirop d'oranges.

Bon appétit !

CAKES SALÉS

•

CAKE À LA FETA ET AU COULIS DE TOMATES

4 à 6 pers. Préparation : 15 min Cuisson : 45 min

• 200 g de farine • 3 œufs • 1 dl de lait • 1 dl d'huile d'olive • 1 sachet de levure • 100 g de feta • 3 tomates • 4 branches de basilic • 20 g de beurre • sel, poivre

Réalisation

Pelez les tomates après les avoir ébouillantées, épépinez-les et mixez-les avec du sel et du poivre pour obtenir un coulis. Préchauffez le four th. 6 (180°). Beurrez le moule. Coupez la feta en petits dés, ciselez les feuilles de basilic.

Mélangez dans une terrine la farine, la levure et les œufs battus avec du sel et du poivre. Ajoutez l'huile, le lait, le coulis de tomates, les dés de feéta et le basilic ciselé.

Versez la préparation dans le moule et faites cuire pendant 45 minutes environ. Vérifiez la cuisson en plongeant la lame d'un couteau au cœur du cake. Elle doit ressortir sèche. Attendez 5 minutes avant de démouler le cake. Servez-le tiède

CAKE À LA FETA ET AUX OLIVES

4 à 6 pers.   Préparation : 15 min Cuisson : 45 min

• 200 g de farine • 3 œufs • 1 dl de lait • 1 dl d'huile d'olive • 1 sachet de levure • 150 g de feta • 75 g d'olives noires dénoyautées • 2 branches de thym • 20 g de beurre • sel, poivre

Réalisation

Préchauffez le four th. 6 (180°). Beurrez le moule. Coupez la feta et les olives en petits dés. Farinez-les.

Mélangez dans une terrine la farine, la levure et les œufs battus avec du sel et du poivre. Ajoutez l'huile, le lait, le thym effeuillé, les dés de feta et d'olives.

Versez la préparation dans le moule et faites cuire pendant 45 minutes environ. Vérifiez la cuisson, puis laissez reposer quelques minutes avant de démouler. Servez tiède ou froid.

Notre conseil : servez en apéritif, ou en entrée avec, par exemple, une salade de poivrons à l'huile d'olive.

CAKE À LA MIMOLETTE ET À LA NOISETTE

4 à 6 pers.   **Préparation : 10 min Cuisson : 45 min**

• 150 g de farine • 50 g de noisettes en poudre • 1 sachet de levure • 3 œufs • 1 dl de lait • 1 dl d'huile • 1 sachet de levure • 150 g de mimolette • 50 g de noisettes concassées • 20 g de beurre • sel, poivre

Réalisation

Préchauffez le four th. 6 (180°). Beurrez le moule. Coupez la mimolette en petits dés, farinez-les. Mélangez dans une terrine la farine, les noisettes en poudre, la levure et les œufs battus avec du sel et du poivre. Ajoutez l'huile, le lait, puis incorporez la mimolette et les noisettes concassées. Versez la préparation dans le moule et faites cuire pendant 45 minutes environ. Vérifiez la cuisson en plongeant la lame d'un couteau au centre de la pâte ; elle doit ressortir sèche. Laissez reposer 5 minutes avant de démouler. Servez chaud.

Notre conseil : accompagnez d'une salade verte assaisonnée d'une vinaigrette à l'huile de noisette.

CAKE À LA TOMATE, À LA MOZZARELLA ET AU BASILIC

4 à 6 pers. **Préparation : 20 min Cuisson : 45 min**

- 200 g de farine • 3 œufs • 1 yaourt nature velouté • 1 dl d'huile d'olive • 1 sachet de levure • 2 tomates • 200 de mozzarella • 100 g de gruyère râpé • 1 bouquet de basilic • 20 g de beurre • sel, poivre

Réalisation

Pelez les tomates, épépinez-les et coupez la chair en dés. Coupez la mozzarella en dés également. Ciselez le basilic.
Préchauffez le four th. 6 (180°). Beurrez le moule. Mélangez la farine, la levure, un peu de sel et de poivre, avec les œufs battus et le yaourt. Ajoutez l'huile d'olive, le gruyère râpé, les dés de tomate et de mozzarella et le basilic ciselé.
Versez dans le moule et faites cuire pendant 45 minutes environ. Vérifiez la cuisson avec la lame d'un couteau et laissez reposer 5 minutes avant de démouler. Servez à température ambiante.

Notre conseil : accompagnez d'un coulis de tomates au basilic (recette page 143), de la tapenade et de l'anchoïade.

CAKE À LA TOMATE ET AUX OIGNONS

4 à 6 pers. Préparation : 20 min Cuisson : 45 min

• 200 g de farine • 3 œufs • 1 dl de lait • 1 dl d'huile d'olive • 1 sachet de levure • 2 tomates • 2 oignons • 40 de beurre • une pincée de piment de Cayenne • sel, poivre

Réalisation

Pelez et épépinez les tomates, coupez la chair en dés. Épluchez les oignons, hachez-les. Faites-les fondre dans une noisette de beurre, salez, ajoutez une pointe de Cayenne.

Préchauffez le four th. 6 (180°). Beurrez le moule. Mélangez dans une terrine la farine, la levure et les œufs battus avec du sel et du poivre.

Ajoutez l'huile, le lait, les tomates et les oignons. Mélangez bien.

Versez la préparation dans le moule et faites cuire pendant 45 minutes environ.

Vérifiez la cuisson avec la lame d'un couteau, laissez reposer 5 minutes puis démoulez. Servez tiède ou froid.

Notre conseil : servez ce cake en apéritif, ou en accompagnement de jambon

CAKE À L'ÉDAM ET AUX PISTACHES

4 à 6 pers. **Préparation : 15 min Cuisson : 45 min**

• 200 g de farine • 3 œufs • 1 dl de lait • 1 dl d'huile d'olive • 1 sachet de levure • 100 g d'édam • 75 g de pistaches non salées • 20 g de beurre • sel, poivre

Réalisation

Râpez l'édam, décortiquez les pistaches.
Préchauffez le four th. 6 (180°). Beurrez le moule.
Mélangez dans une terrine la farine, la levure et les œufs battus avec du sel et du poivre. Ajoutez l'huile, le lait, l'édam et les pistaches.
Versez la préparation dans le moule et faites cuire pendant 45 minutes environ. Vérifiez la cuisson, puis laissez en attente 5 minutes avant de démouler. Laissez refroidir et servez à température ambiante.

CAKE AU BLEU ET AUX PRUNEAUX

4 à 6 pers. Préparation : 15 min Cuisson : 45 min

- 200 g de farine • 3 œufs • 1 dl de lait • 1 dl d'huile d'olive
- 1 sachet de levure • 150 g de bleu de Bresse • 10 pruneaux
- 100 g de gruyère râpé • 20 g de beurre • sel, poivre

Réalisation

Coupez le bleu de Bresse en petits dés. Dénoyautez les pruneaux, coupez-les en petits dés également. Farinez-les. Préchauffez le four th. 6 (180°). Beurrez le moule. Mélangez dans une terrine la farine, la levure et les œufs battus avec du sel et du poivre. Ajoutez l'huile, le lait, mélangez bien pour obtenir une pâte homogène, puis incorporez les dés de bleu de Bresse et de pruneaux.
Versez la préparation dans le moule et faites cuire pendant 45 minutes environ. Vérifiez la cuisson en plongeant dans le cake la lame d'un couteau ; elle doit ressortir sèche. Laissez reposer pendant 5 minutes avant de démouler. Servez à température ambiante.

Notre conseil : accompagnez d'une salade verte croquante, romaine ou batavia.

CAKE AU CHÈVRE ET AUX POIRES

4 à 6 pers. Préparation : 20 min Cuisson : 55 min

- 200 g de farine • 3 œufs • 1 dl de lait • 1 dl d'huile d'olive
- 1 sachet de levure • 1 chèvre bûche • 2 poires williams • 20 g de beurre • sel, poivre

Réalisation

Épluchez les poires, faites-les pocher dans de l'eau pendant 10 minutes, puis coupez-les en dés. Coupez le chèvre en dés. Farinez les dés de poires et de chèvre.

Préchauffez le four th. 6 (180°). Beurrez le moule. Mélangez dans une terrine la farine, la levure et les œufs battus avec du sel et du poivre. Ajoutez l'huile et le lait. Mélangez bien pour obtenir une pâte homogène. Incorporez les dés de poire et de chèvre.

Versez la préparation dans le moule et faites cuire pendant 45 minutes environ. Vérifiez la cuisson, laissez reposer quelques minutes avant de démouler. Laissez refroidir.

CAKE AU CHÈVRE, AUX NOIX ET AUX RAISINS

4 à 6 pers. Préparation : 15 min Cuisson : 45 min

• 200 g de farine • 3 œufs • 1 dl de lait • 1 dl d'huile • 1 sachet de levure • 1 chèvre bûche • 50 g de raisins secs • 100 g de cerneaux de noix • 20 g de beurre • sel, poivre

Réalisation

Mettez les raisins secs dans un bol, recouvrez-les d'eau chaude. Coupez le chèvre en dés, concassez grossièrement les cerneaux de noix. Égouttez les raisins. Farinez-les. Préchauffez le four th. 6 (180°). Beurrez le moule. Mélangez dans une terrine la farine, la levure et les œufs battus avec du sel et du poivre. Ajoutez l'huile, le lait, mélangez pour obtenir une pâte homogène. Incorporez les noix, le chèvre, les raisins. Versez la préparation dans le moule et faites cuire pendant 45 minutes environ. Vérifiez la cuisson, laissez en attente pendant 5 minutes puis démoulez. Laissez refroidir.

Notre conseil : servez ce cake accompagné d'une salade verte assaisonnée avec une vinaigrette à l'huile de noix.

CAKE AU CHORIZO ET AUX OLIVES

4 à 6 pers. Préparation : 20 min Cuisson : 45 min

• 200 g de farine • 3 œufs • 1 dl de lait • 1 dl d'huile d'olive • 1 sachet de levure • 200 g de chorizo • 50 g d'olives vertes dénoyautées • 50 g d'olives noires dénoyautées • 20 g de beurre • sel, poivre

Réalisation

Préchauffez le four th. 6 (180°). Beurrez le moule. Coupez le chorizo en rondelles, puis chaque rondelle en quatre. Farinez ces morceaux.

Mélangez dans une terrine la farine, la levure et les œufs battus avec du sel et du poivre. Ajoutez l'huile, le lait, mélangez bien pour obtenir une pâte homogène, puis incorporez les olives et les morceaux de chorizo.

Versez la préparation dans le moule et faites cuire pendant 45 minutes environ. Vérifiez la cuisson en plantant la lame d'un couteau au centre de la pâte. Elle doit ressortir sèche. Laissez en attente 5 minutes avant de démouler. Dégustez tiède ou froid.

Notre conseil : accompagnez ce cake d'un coulis de tomates aux herbes (recette page 143).

CAKE AU CRABE ET À L'ANETH

4 à 6 pers. Préparation : 10 min Cuisson : 45 min

- 100 g de farine • 4 œufs • 1 sachet de levure • 1/2 dl de lait
- 1/2 dl de crème • 200 g de miettes de crabe • 1 bouquet d'aneth • 20 g de beurre • sel, poivre

Réalisation

Préchauffez le four th. 6 (180°). Beurrez le moule. Égouttez à fond les miettes de crabe. Ciselez l'aneth.

Battez les œufs en omelette dans un saladier, ajoutez la farine et la levure, délayez avec le lait, puis la crème, salez, poivrez. Incorporez le crabe et l'aneth..

Versez la préparation dans le moule et faites cuire 45 minutes environ. Vérifiez la cuisson : la lame d'un couteau plongée au centre du cake doit ressortir sèche. Laissez en attente quelques minutes puis démoulez. Laissez refroidir, puis mettez au réfrigérateur en attendant de servir.

Notre conseil : accompagnez ce cake d'une sauce crème citronnée (recette page 145) et de lamelles d'avocat.

CAKE AU CUMIN

4 à 6 pers. Préparation : 15 min Cuisson : 45 min

- 3 œufs • 1 dl d'huile d'olive • 1 dl de lait • 1 sachet de levure
- 80 g de gruyère râpé • 2 cuil. à soupe de graines de cumin
- 20 g de beurre • Sel, poivre

Réalisation

Préchauffez le four th. 6 (180°). Beurrez le moule. Mélangez dans une terrine la farine, la levure et le cumin. Ajoutez les œufs battus, l'huile et le lait, salez, poivrez, puis incorporez le gruyère râpé. Versez dans le moule et faites cuire pendant 45 minutes environ. Surveillez la couleur du cake et vérifiez à l'aide de la lame d'un couteau plongée au cœur du cake que la pâte est cuite. Elle doit ressortir sèche. Laissez refroidir un peu avant de démouler.

Notre conseil : servez ce cake tiède ou froid, à l'apéritif ou avec un fromage de chèvre et une salade verte.

CAKE AU GOUDA ET AU CUMIN

4 à 6 pers.   **Préparation : 10 min Cuisson : 45 min**

- 200 g de farine • 1 sachet de levure • 3 œufs • 1 dl de lait
- 1 dl d'huile • 1 sachet de levure • 150 g de gouda • 1 cuil. à soupe de graines de cumin • 20 g de beurre • sel, poivre

Réalisation

Préchauffez le four th. 6 (180°). Beurrez le moule. Coupez le gouda en petits dés, farinez-les.

Mélangez dans une terrine la farine, la levure et les œufs battus avec du sel et du poivre. Ajoutez l'huile, le lait, le gouda et le cumin.

Versez la préparation dans le moule et faites cuire pendant 45 minutes environ. Vérifiez la cuisson et attendez 5 minutes avant de démouler le cake.

Notre conseil : servez avec une salade verte.

CAKE AU GRUYÈRE

4 à 6 pers. Préparation : 5 min Cuisson : 45 min

• 180 g de farine • 3 œufs • 1 dl de lait • 1 dl d'huile • 1 sachet de levure • 250 g de gruyère râpé • 20 g de beurre • sel, poivre

Réalisation

Préchauffez le four th. 6 (180°).
Mettez la farine et la levure dans une terrine, ajoutez les œufs entiers, puis le lait, l'huile, le gruyère et un peu de sel et de poivre. Mélangez au fouet.
Beurrez le moule à cake, versez la préparation et enfournez. Laissez cuire 45 minutes. Vérifiez la cuisson en plongeant la lame d'un couteau dans la pâte. Laissez en attente 5 minutes avant de démouler. Servez tiède.

Notre conseil : vous pouvez servir ce cake en entrée, ou en plat principal pour un dîner léger en l'accompagnant d'une salade verte.

CAKE AU JAMBON, AU GRUYÈRE ET AUX OLIVES

4 à 6 pers. **Préparation : 10 min Cuisson : 45 min**

- 200 g de farine • 3 œufs • 1 dl de lait • 1 dl d'huile d'olive
- 1 sachet de levure • 150 g de talon de jambon • 100 g d'olives vertes dénoyautées • 100 g de gruyère râpé • 20 g de beurre
- sel, poivre

Réalisation

Préchauffez le four th. 6 (180°). Beurrez le moule. Coupez le jambon et les olives en petits dés, farinez-les. Mélangez dans une terrine la farine, la levure et les œufs battus avec du sel et du poivre. Ajoutez l'huile, le lait, la moitié du gruyère râpé, le jambon et les olives. Versez la préparation dans le moule, saupoudrez avec le reste de gruyère râpé et faites cuire pendant 45 minutes environ. Vérifiez la cuisson en plongeant la lame d'un couteau au cœur du cake. Laissez reposer 5 minutes puis démoulez. Servez chaud ou tiède.

Notre conseil : accompagnez ce cake d'une salade verte et d'un coulis de tomates à la ciboulette (recette page 143).

# CAKE AU JAMBON CRU ET AU THYM

4 à 6 pers. Préparation : 10 min Cuisson : 45 min

• 200 g de farine • 3 œufs • 1 sachet de levure • 1 dl d'huile d'olive • 1 dl de lait • 1 sachet de levure • 200 g de jambon cru • 3 branches de thym • 20 g de beurre • sel, poivre

Réalisation

Préchauffez le four th. 6 (180°). Beurrez le moule. Coupez le jambon cru en fines lamelles, enrobez-les de farine. Effeuillez le thym.

Mélangez dans une terrine la farine, la levure et les œufs battus avec du sel et du poivre. Ajoutez l'huile, le lait, le jambon et le thym.

Versez la préparation dans le moule et faites cuire pendant 45 minutes environ. Vérifiez la cuisson avec la lame d'un couteau, puis laissez reposer le cake pendant 5 minutes avant de le démouler. Servez tiède ou à température ambiante.

Notre conseil : accompagnez ce cake d'une salade de tomates à l'huile d'olive.

CAKE AU JAMBON BRAISÉ ET À LA MOUTARDE

4 à 6 pers. Préparation : 15 min Cuisson : 45 min

• 200 g de farine • 3 œufs • 1 dl de lait • 1 dl d'huile d'olive • 1 sachet de levure • 150 g de talon de jambon braisé • 100 g de gruyère râpé • 2 cuil. à café de moutarde forte • 20 g de beurre • sel, poivre

Réalisation

Préchauffez le four th. 6 (180°). Beurrez le moule. Coupez le jambon en petits dés, farinez-les.
Mélangez dans une terrine la farine, la levure et les œufs battus avec du sel et du poivre. Ajoutez l'huile, le lait et la moutarde. Mélangez bien pour obtenir une pâte homogène. Incorporez les dés de jambon et le gruyère.
Versez la préparation dans le moule et faites cuire pendant 45 minutes environ. Vérifiez la cuisson, laissez reposer 5 minutes avant de démouler. Servez tiède.

Notre conseil : accompagnez d'une salade frisée avec des dés de fromage et une vinaigrette à l'huile de noix.

CAKE AU JAMBON ET À LA MIMOLETTE

4 à 6 pers. Préparation : 20 min Cuisson : 45 min

- 200 g de farine • 3 œufs • 1 dl de lait • 1 dl d'huile d'olive
- 1 sachet de levure • 100 g de mimolette • 200 g de talon de jambon • 1 bouquet de persil plat • 100 g d'olives vertes dénoyautées • 1 cuil. à café de moutarde forte • 20 g de beurre
- sel, poivre

Réalisation

Coupez le jambon en petits dés. Effeuillez le persil, ciselez-le. Râpez la mimolette.

Préchauffez le four th. 6 (180°). Beurrez le moule. Mélangez dans une terrine la farine, la levure et les œufs battus avec du sel et du poivre. Ajoutez l'huile, le lait, la moutarde, puis incorporez la mimolette, le jambon, le persil, les olives.

Versez la préparation dans le moule et faites cuire pendant 45 minutes environ. Vérifiez la cuisson en plongeant dans le cake la lame d'un couteau. Elle doit ressortir sèche. Laissez reposer 5 minutes puis démoulez. Laissez refroidir et consommez à température ambiante.

CAKE AU JAMBON ET À LA TAPENADE

4 à 6 pers.　　Préparation : 20 min　Cuisson : 45 min

- 200 g de farine • 3 œufs • 1 dl de lait • 1 dl d'huile d'olive
- 1 sachet de levure • 200 g de talon de jambon • 50 g de tomates séchées • 75 g de pignons • 3 cuil. à soupe de tapenade
- 20 g de beurre • poivre

Réalisation

Coupez le jambon et les tomates séchées en petits morceaux, farinez-les.

Préchauffez le four th. 6 (180°). Beurrez le moule. Mélangez dans une terrine la farine, la levure et les œufs battus avec du poivre. Ajoutez l'huile, le lait, la tapenade, puis incorporez les morceaux de jambon et de tomates séchées et la moitié des pignons.

Versez la préparation dans le moule, saupoudrez avec le reste des pignons et faites cuire pendant 45 min minutes environ. Vérifiez la cuisson en plantant la lame d'un couteau au centre du cake ; elle doit ressortir sèche. Laissez reposer 5 minutes puis démoulez. Servez tiède.

CAKE AU JAMBON ET À L'ESTRAGON

4 à 6 pers. **Préparation : 15 min Cuisson : 45 min**

• 200 g de farine • 3 œufs • 1 dl de lait • 1 dl d'huile • 1 sachet de levure • 200 g de talon de jambon • 1 bouquet d'estragon • 20 g de beurre • sel, poivre

Réalisation

Préchauffez le four th. 6 (180°). Beurrez le moule. Coupez le jambon en petits dés, farinez-les. Effeuillez l'estragon.

Mélangez dans une terrine la farine, la levure et les œufs battus avec du sel et du poivre. Ajoutez l'huile, le lait, puis le jambon et l'estragon.

Versez la préparation dans le moule et faites cuire pendant 45 minutes environ. Vérifiez la cuisson avec la lame d'un couteau, laissez en attente 5 minutes avant de démouler. Servez chaud, tiède ou froid.

Notre conseil : accompagnez d'un coulis de tomates parfumé à l'estragon (recette page 143).

CAKE AU JAMBON ET AUX FIGUES

4 à 6 pers.   Préparation : 15 min Cuisson : 45 min

• 200 g de farine • 3 œufs • 1 dl de bière • 1 dl d'huile d'olive • 1 sachet de levure • 120 g de figues sèches • 100 g de jambon cru • 1 bouquet de ciboulette • 20 g de beurre • sel, poivre

Réalisation

Préchauffez le four th. 6 (180°). Beurrez le moule. Coupez les figues en petits morceaux. Coupez le jambon en lanières ? Farinez les figues et le jambon. Ciselez la ciboulette.

Mélangez dans une terrine la farine, la levure et les œufs battus avec du sel et du poivre. Ajoutez l'huile, la bière, les dés de figues, les lanières de jambon et la ciboulette.

Versez la préparation dans le moule et faites cuire pendant 45 minutes environ. Vérifiez la cuisson, et démoulez après avoir laissé reposer 5 minutes. Laissez refroidir.

CAKE AU LARD ET AU PARMESAN

4 à 6 pers. Préparation : 10 min Cuisson : 50 min

- 200 g de farine • 3 œufs • 150 g d'allumettes de lardons fumés
- 1 dl de lait • 1 dl d'huile d'olive • 1 sachet de levure • 100 g de parmesan râpé • 20 g de beurre • sel, poivre

Réalisation

Préchauffez le four th. 6 (180°). Beurrez le moule. Faites dorer les allumettes de lard dans une poêle à revêtement anti adhésif, égouttez-les sur un papier absorbant.

Fouettez les œufs avec du sel, du poivre, le lait et l'huile. Incorporez la farine et la levure puis ajoutez les lardons et le parmesan. Mélangez bien.

Versez la préparation dans le moule et faites cuire pendant 45 minutes. Vérifiez la cuisson. Laissez reposer 5 minutes avant de démouler.

CAKE AU LARD ET AUX BANANES

4 à 6 pers. Préparation : 15 min Cuisson : 50 min

- 200 g de farine • 3 œufs • 1 dl de lait • 1 dl d'huile d'olive
- 1 sachet de levure • 150 g d'allumettes de lard fumé • 2 bananes • 20 g de beurre • sel, poivre

Réalisation

Faites dorer les allumettes de lard dans une poêle à revêtement anti adhésif pendant 5 minutes. Égouttez-les sur un papier absorbant, farinez-les. Préchauffez le four th. 6 (180°). Beurrez le moule. Mélangez dans une terrine la farine, la levure et les œufs battus avec du sel et du poivre. Ajoutez l'huile et le lait, mélangez bien pour obtenir une pâte homogène. Pelez les bananes, coupez-les en rondelles, farinez-les. Incorporez à la pâte les lardons et les rondelles de bananes.

Versez la préparation dans le moule et faites cuire pendant 45 minutes environ. Vérifiez la cuisson en plantant la lame d'un couteau au centre du cake. Laissez reposer pendant 5 minutes avant de démouler. Servez tiède.

Notre conseil : servez en entrée ou à l'apéritif.

CAKE AU LARD ET AUX PETITS POIS

4 à 6 pers.　　Préparation : 15 min Cuisson : 45 min

- 200 g de farine • 1 sachet de levure • 3 œufs • 2,5 cl de crème
- 1 dl d'huile d'olive • 1 sachet de levure • 150 g d'allumettes de lard fumé • 100 g de petits pois crus • 50 g de parmesan râpé
- 3 pincées de cumin • 20 g de beurre • sel, poivre

Réalisation

Préchauffez le four th. 6 (180°). Beurrez le moule. Faites revenir rapidement les allumettes de lard dans une poêle à revêtement antiadhésif. ÉEgouttez-les sur un papier absorbant.

Mélangez dans une terrine la farine, la levure et les œufs battus avec du sel et du poivre. Ajoutez l'huile, la crème, puis les allumettes de lard, les petits pois, le cumin et le parmesan.

Versez la préparation dans le moule et faites cuire pendant 45 minutes environ. Vérifiez la cuisson en plongeant la lame d'un couteau dans la pâte ; elle doit ressortir sèche. Laissez reposer le cake environ 5 minutes avant de le démouler. Servez tiède.

CAKE AU PISTOU ET AUX TOMATES

4 à 6 pers. Préparation : 20 min Cuisson : 45 min

• 200 g de farine • 3 œufs • 150 g de talon de jambon • 1 dl de lait • 1, 5 dl d'huile d'olive • 1 sachet de levure • 75 g de parmesan râpé • 2 cuil. à soupe de pignons • 1 botte de basilic • 2 gousses d'ail • 2 tomates • 20 g de beurre • sel, poivre

Réalisation

Pour faire le pistou, éEpluchez les gousses d'ail, effeuillez le basilic. Mixez-les avec le parmesan, les pignons, un peu de sel et de poivre et 0,5 dl d'huile d'olive.

Préchauffez le four th. 6 (180°). Beurrez le moule. Coupez le jambon en dés. Pelez les tomates après les avoir ébouillantées, épépinez-les et coupez la chair en petits dés. Farinez le jambon et les tomates. Mélangez dans une terrine la farine, la levure et les œufs battus avec du sel et du poivre. Ajoutez le reste d'huile, le lait, les dés de jambon et de tomate ainsi que le pistou. Mélangez bien. Versez la préparation dans le moule et faites cuire pendant 45 minutes environ. Vérifiez la cuisson en plongeant la lame d'un couteau dans le cake. Elle doit ressortir sèche.

CAKE AU REBLOCHON ET AUX LARDONS

4 à 6 pers.   Préparation : 20 min Cuisson : 50 min

• 200 g de farine • 3 œufs • 6 cuil. à soupe de crème • 1 sachet de levure • 150 g d'allumettes de lard fumé • 1/2 reblochon • 20 g de beurre • poivre

Réalisation

Écroûtez le reblochon, coupez-le en petits dés, farinez-les. Faites dorer les allumettes de lard dans une poêle à revêtement antiadhésif. Égouttez-les sur du papier absorbant puis farinez-les.
Préchauffez le four th. 6 (180°). Beurrez le moule. Mélangez la farine avec la levure, les œufs battus, la crème, poivrez généreusement. Ajoutez les dés de reblochon et les allumettes de lard. Versez la pâte dans le moule et faites cuire 45 minutes environ. Vérifiez la cuisson avec la lame d'un couteau, laissez en attente quelques minutes avant de démouler. Servez chaud ou tiède.

Notre conseil : accompagnez ce cake d'une salade verte assaisonnée à l'huile de noisette.

CAKE AU ROQUEFORT ET AUX BROCOLIS

4 à 6 pers. **Préparation : 20 min Cuisson : 55 min**

- 200 g de farine • 3 œufs • 1 dl de lait • 1 dl d'huile d'olive
- 1 sachet de levure • 150 g de roquefort • 100 g de gruyère râpé • 1 tête de brocoli • 20 g de beurre • sel, poivre

Réalisation

Séparez le brocoli en très petits bouquets, faites-les cuire à l'eau bouillante salée pendant 10 minutes. Égouttez-les bien. Coupez le roquefort en petits dés, farinez-les. Préchauffez le four th. 6 (180°). Beurrez le moule. Mélangez dans une terrine la farine, la levure et les œufs battus avec du sel et du poivre. Ajoutez le lait, l'huile, le gruyère râpé et mélangez bien pour obtenir une pâte homogène. Incorporez ensuite les bouquets de brocolis et les dés de roquefort. Versez la préparation dans le moule et faites cuire pendant 45 minutes environ. Vérifiez la cuisson, laissez reposer quelques minutes avant de démouler. Servez tiède.

CAKE AU ROQUEFORT ET AUX NOIX

4 à 6 pers. Préparation : 10 min Cuisson : 45 min

• 200 g de farine • 3 œufs • 1 dl de lait • 1 dl d'huile • 1 sachet de levure • 150 g de roquefort • 100 g de cerneaux de noix • 20 g de beurre • sel, poivre

Réalisation

Préchauffez le four th. 6 (180°). Beurrez le moule. Coupez le roquefort en petits dés, farinez-les ; coupez les cerneaux de noix en morceaux.
Mélangez dans une terrine la farine, la levure et les œufs battus avec du sel et du poivre. Ajoutez l'huile, le lait, le roquefort et les noix.
Versez la préparation dans le moule et faites cuire pendant 45 minutes environ. Vérifiez la cuisson, laissez reposer 5 minutes avant de démouler, puis laissez refroidir.

Notre conseil : servez avec une salade verte assaisonnée à l'huile de noix.

CAKE AU SAUMON ET AU FENOUIL

4 à 6 pers. | Préparation : 20 min Cuisson : 1 h

- 150 g de farine • 3 œufs • 1 sachet de levure • 1 dl de lait
- 1 dl d'huile • 1 sachet de levure • 200 g de pavé de saumon
- 2 bulbes de fenouil • 20 g de beurre • sel, poivre

Réalisation

Lavez les bulbes de fenouil, coupez-les en petits morceaux et faites-les cuire à l'eau bouillante salée pendant 15 minutes. Égouttez-les. Faites pocher le saumon dans de l'eau bouillante salée pendant 10 minutes. Coupez le saumon et les fenouils en petits morceaux, farinez-les.

Préchauffez le four th. 6 (180°). Beurrez le moule. Mélangez dans une terrine la farine, la levure, les œufs battus. Ajoutez le lait et l'huile, un peu de sel et de poivre, puis incorporez lea saumon et le fenouil.

Versez dans le moule et faites cuire 45 minutes environ. Vérifiez la cuisson et laissez reposer 5 minutes avant de démouler. Servez chaud ou tiède.

Notre conseil : accompagnez d'une sauce crème citronnée (recette page 145).

CAKE AU SAUMON FUMÉ ET AUX OLIVES

4 à 6 pers. **Préparation : 15 min Cuisson : 45 min**

- 200 g de farine • 3 œufs • 1 dl de lait • 1 dl d'huile • 1 sachet de levure • 200 g de saumon fumé • 100 g d'olives vertes • 20 g de beurre pour le moule • sel, poivre

Réalisation :

Coupez le saumon fumé et les olives en dés, farinez-les.

Préchauffez le four th. 6 (180°). Beurrez le moule. Mélangez dans une terrine la farine, la levure et les œufs battus avec du sel et du poivre. Ajoutez l'huile et, le lait.

Versez la préparation dans le moule et faites cuire pendant 45 minutes environ. Vérifiez la cuisson et laissez reposer 5 minutes avant de démouler.

Notre conseil : achetez pour cette recette des chutes de saumon, moins onéreuses que des tranches entières. Accompagnez ce cake d'une sauce crème citronnée (recette page 145).

CAKE AU THON ET À LA CIBOULETTE

4 à 6 pers.   Préparation : 10 min Cuisson : 45 min

• 100 g de farine • 4 œufs • 1 dl de lait • 1/2 dl de crème • 1 sachet de levure • 1 dl de lait • 1/2 dl de crème • 200 g de thon au naturel égoutté • 1 bouquet de ciboulette • 20 g de beurre • sel, poivre

Réalisation :
Préchauffez le four th. 6 (180°). Beurrez le moule. Émiettez le thon. Ciselez la ciboulette.
Battez les œufs en omelette dans un saladier, ajoutez la farine et la levure, délayez avec le lait, puis la crème, salez, poivrez. Incorporez le thon et la ciboulette.
Versez la préparation dans le moule et faites cuire 45 minutes environ. Vérifiez la cuisson : la lame d'un couteau plongée au centre du cake doit ressortir sèche. Laissez en attente quelques minutes puis démoulez. Laissez refroidir, puis mettez au réfrigérateur en attendant de servir.

Notre conseil : accompagnez ce cake d'une sauce crème citronnée (recette page 145) et d'une salade de tomates.

CAKE AU THON, AUX POIVRONS ET AU PIMENT D'ESPELETTE

4 à 6 pers. Préparation : 15 min Cuisson : 45 min

- 200 g de farine • 3 œufs • 1 dl de lait • 1 dl d'huile d'olive • 1 sachet de levure • 200 g de thon au naturel égoutté • 1/2 poivron vert • 1/2 poivron rouge • 1/2 poivron jaune • 2 pincées de piment d'Espelette • 20 g de beurre • sel, poivre

Réalisation

ÉEmiettez le thon, coupez les poivrons en petits dés, enrobez-les de farine.

Préchauffez le four th. 6 (180°). Beurrez le moule. Mélangez dans une terrine la farine, la levure et les œufs battus avec du sel, du poivre et le piment. Ajoutez l'huile, le lait, mélangez pour obtenir une pâte homogène. Incorporez ensuite les miettes de thon et les dés de poivron. Vérifiez l'assaisonnement, rectifiez si nécessaire. Le cake doit être relevé.

Versez la préparation dans le moule et faites cuire pendant 45 minutes environ. Laissez reposer 5 minutes avant de démouler. Servez tiède ou froid.

Notre conseil : accompagnez ce cake d'un coulis de tomates (recette page 143) et d'une salade verte.

CAKE AU THON ET AUX OLIVES

4 à 6 pers. **Préparation : 10 min Cuisson : 45 min**

• 200 g de farine • 3 œufs • 1 dl de lait • 1 dl d'huile d'olive • 1 sachet de levure • 300 g de thon au naturel • 100 g d'olives vertes dénoyautées • 50 g de gruyère râpé • 20 g de beurre • sel, poivre

Réalisation :

Préchauffez le four th. 6 (180°). Huilez le moule. Émiettez le thon et coupez les olives en petits dés, farinez-les.
Mélangez dans une terrine la farine, la levure et les œufs battus avec du sel et du poivre.
Ajoutez l'huile, le lait, le gruyère, le thon et les olives. Versez la préparation dans le moule et faites cuire pendant 45 minutes environ.
Vérifiez que le cake est cuit à cœur en plongeant la lame d'un couteau au centre de la pâte. Attendez 5 minutes avant de démouler. Laissez refroidir avant de servir.

CAKE AUX AMANDES, AUX TOMATES SÉCHÉES ET AU BASILIC

4 à 6 pers. **Préparation : 15 min Cuisson : 45 min**

• 200 g de farine • 3 œufs • 1 dl de lait • 1 dl d'huile d'olive • 1 sachet de levure • 75 g d'amandes • 150 g de tomates séchées • 1 bouquet de basilic • 20 g de beurre • sel, poivre

Réalisation

Préchauffez le four th. 6 (180°). Beurrez le moule. Hachez grossièrement les tomates, les amandes et le basilic.
Mélangez dans une terrine la farine, la levure et les œufs battus avec du sel et du poivre. Ajoutez l'huile, le lait, les amandes les tomates et le basilic. Versez la préparation dans le moule et faites cuire pendant 45 minutes environ. Vérifiez la cuisson, puis laissez reposer 5 minutes.
Démoulez le cake et laissez refroidir.

Notre conseil : servez à l'apéritif, ou avec de la charcuterie, de la tapenade, de l'anchoïade, du fromage de chèvre frais.

CAKE AUX ANCHOIS, AUX TOMATES SÉCHÉES ET AUX OLIVES NOIRES

4 à 6 pers. Préparation : 15 min Cuisson : 45 min

- 200 g de farine • 3 œufs • 1 dl de lait • 1 dl d'huile d'olive
- 1 sachet de levure • 1 boite de filets d'anchois à l'huile d'olive
- 50 g d'olives noires dénoyautées • 6 tomates séchées • 3 branches de thym • 20 g de beurre • sel, poivre

Réalisation

Préchauffez le four th. 6 (180°). Beurrez le moule. Coupez les anchois, les olives et les tomates séchées en morceaux, farinez-les.

Mélangez dans une terrine la farine, la levure et les œufs battus. Poivrez, ajoutez l'huile, le lait, puis les anchois, les olives et les tomates.

Versez la préparation dans le moule et faites cuire pendant 45 minutes environ. Vérifiez la cuisson, laissez en attente 5 minutes avant de démouler. Servez froid.

CAKE AUX ANCHOIS ET À LA RICOTTA

4 à 6 pers. Préparation : 15 min Cuisson : 45 min

- 200 g de farine • 3 œufs • 1 dl de lait • 1 sachet de levure • 150 g de beurre + 20 g pour le moule • 10 filets d'anchois • 50 g de tomates séchées • 150 g de ricotta • 2 cuil. à café de moutarde forte • poivre

Réalisation

Préchauffez le four th. 6 (180°). Beurrez le moule. Coupez les anchois et les tomates en morceaux, farinez-les. Faites fondre le beurre.

Mélangez la farine avec la levure, ajoutez le beurre fondu, les œufs battus, la moutarde, le lait, la ricotta, et un peu de poivre. Quand le mélange est homogène, incorporez les anchois et les tomates.

Versez dans le moule et faites cuire 45 minutes environ. Vérifiez la cuisson avec la lame d'un couteau, puis laissez reposer 5 minutes. Démoulez et laissez refroidir.

CAKE AUX ARTICHAUTS ET AUX OLIVES

4 à 6 pers. — Préparation : 20 min Cuisson : 1 h 05

- 200 g de farine • 3 œufs • 1 sachet de levure • 125 g de beurre + 20 g pour le moule • 200 g de fonds d'artichauts • 50 g d'olives vertes • 1 poivron rouge • sel, poivre

Réalisation

Faites cuire les fonds d'artichauts à l'eau bouillante salée pendant 20 minutes. Égouttez-les et coupez-les en dés. Farinez-les.

Pelez le poivron, épépinez-le et enlevez les parties blanches. Coupez-le en dés, farinez-les.

Préchauffez le four th. 6 (180°). Beurrez le moule à cake.

Mettez le beurre et la farine dans un saladier et travaillez-les au fouet jusqu'à ce que le mélange soit homogène. Ajoutez la levure, un peu de sel et de poivre puis les oeufs entiers battus.

Mélangez à nouveau. Transvasez la moitié de la pâte dans le moule, répartissez les morceaux d'artichauts, les lanières de poivrons et les olives, puis recouvrez avec le reste de pâte.

Faites cuire environ 45 minutes. Démoulez le cake chaud et laissez refroidir avant de déguster.

CAKE AUX ASPERGES

4 à 6 pers. Préparation : 20 min Cuisson : 55 min

- 200 g de farine • 3 œufs • 1 dl de lait • 1 dl d'huile d'olive
- 1 sachet de levure • 300 g d'asperges • 10 cl de crème fraîche
- 20 g de beurre • sel, poivre

Réalisation

Épluchez les asperges, coupez les tiges pour enlever toute partie fibreuse.
Faites-les cuire à l'eau bouillante salée pendant 10 minutes. Égouttez-les à fond sur un torchon.
Coupez les pointes, farinez-les, réservez-les.
Mixez les tiges avec la crème.
Préchauffez le four th. 6 (180°). Beurrez le moule.
Mélangez dans une terrine la farine, la levure et les œufs battus avec du sel et du poivre.
Ajoutez l'huile, le lait, la purée d'asperges.
Mélangez bien pour obtenir une pâte homogène, puis incorporez délicatement les pointes.
Versez la préparation dans le moule et faites cuire pendant 45 minutes environ.
Vérifiez la cuisson avec la lame d'un couteau, laissez reposer quelques minutes puis démoulez.

Notre conseil : servez ce cake tiède avec une sauce crème citronnée (recette page 145).

CAKE AUX CAROTTES, AU CUMIN ET À LA CANNELLE

4 à 6 pers. Préparation : 15 min Cuisson : 45 min

• 200 g de farine • 3 œufs • 1 dl d'huile • 1 dl de lait • 1 sachet de levure • 30 0 g de sucre • 400 g de carottes • 100 g de cerneaux de noix • 1 cuil. à soupe de graines de cumin • 3 pincées de cannelle • 20 g de beurre • sel, poivre

Réalisation

Préchauffez le four th. 6 (180°). Beurrez le moule. Pelez les carottes, râpez-les. Hachez grossièrement les cerneaux de noix.

Mélangez dans une terrine la farine, la levure, le sucre, le lait et les œufs battus avec du sel et du poivre. Ajoutez l'huile, les carottes, les noix, le cumin, la cannelle.

Versez la préparation dans le moule et faites cuire pendant 45 minutes environ. Démoulez après avoir laissé reposer 5 minutes. Servez froid.

CAKE AUX CHAMPIGNONS

4 à 6 pers. Préparation : 20 min Cuisson : 55 min

• 200 g de farine • 3 œufs • 1 dl de lait • 1 dl d'huile d'olive • 1 sachet de levure • 250 g de champignons de Paris • 3 branches de persil • 1 gousse d'ail • 50 g de beurre • sel, poivre

Réalisation

Lavez les champignons, émincez-les. Épluchez l'ail, effeuillez et ciselez le persil. Faites revenir à la poêle dans une noisette de beurre les champignons avec l'ail et le persil, un peu de sel et de poivre. Arrêtez la cuisson quand l'eau est évaporée. Préchauffez le four th. 6 (180°). Beurrez le moule. Mélangez dans une terrine la farine, la levure et les œufs battus avec du sel et du poivre. Ajoutez l'huile et, le lait. Mélangez bien pour obtenir une pâte homogène, puis incorporez les champignons. Versez la préparation dans le moule et faites cuire pendant 45 minutes environ. Vérifiez la cuisson, puis laissez reposer quelques minutes avant de démouler. Servez tiède.

Notre conseil : servez ce cake avec une volaille rôtie ou une viande blanche.

CAKE AUX COURGETTES, AUX LARDONS ET AU CHÈVRE

4 à 6 pers. **Préparation : 20 min Cuisson : 55 min**

• 200 g de farine • 3 œufs • 1 dl de lait • 1 dl d'huile d'olive • 1 sachet de levure • 2 courgettes • 1 chèvre bûche • 100 g d'allumettes de lard fumé • 1 cuil. à soupe d'origan • 20 g de beurre • sel, poivre

Réalisation

Lavez les courgettes, coupez-les en rondelles et faites-les cuire à l'eau bouillante salée pendant 10 minutes. Égouttez-les à fond et mixez-les avec du sel, du poivre et l'origan. Faites dorer les lardons dans une poêle à revêtement antiadhésif. Égouttez-les sur du papier absorbant. Coupez le chèvre en petits dés. Farinez le chèvre et les lardons. Préchauffez le four th. 6 (180°). Beurrez le moule. Mélangez dans une terrine la farine, la levure et les œufs battus avec du sel et du poivre. Ajoutez l'huile, le lait, mélangez bien. Incorporez la purée de courgettes puis les allumettes de lard et les dés de chèvre. Versez la préparation dans le moule et faites cuire pendant 45 minutes environ. Vérifiez la cuisson, laissez reposer 5 minutes puis démoulez. Servez tiède.

CAKE AUX COURGETTES ET AUX OLIVES

4 à 6 pers. Préparation : 20 min Cuisson : 55 min

• 200 g de farine • 3 œufs • 2 cuil. à soupe d'huile d'olive • 1 sachet de levure • 125 g de beurre + 20 g g pour le moule • 250 g de courgettes • 80 g d'olives vertes • 1 poivron rouge • 2 gousses d'ail • 1 pincée de piment d'Espelette • sel, poivre

Réalisation

Lavez les courgettes, coupez-les en rondelles et faites-les cuire à l'eau bouillante salée jusqu'à ce qu'elles soient tendres. Égouttez-les. Épluchez les gousses d'ail. Mixez les courgettes et l'ail avec un peu de sel et de poivre et le piment. Lavez le poivron, épépinez-le et coupez la chair en petits dés. Coupez les olives vertes en dés. Enrobez les dés de poivron et d'olive de farine. Réservez.
Préchauffez le four th. 6 (180°). Beurrez le moule. Mélangez la farine avec la levure, un peu de sel et les œufs battus. Faites fondre le beurre, ajoutez-le et mélangez bien. Incorporez ensuite la purée de courgettes, les dés de poivrons et d'olives.
Versez dans le moule et faites cuire environ 45 minutes. Vérifiez la cuisson, laissez en attente 5 minutes avant de démouler. Servez tiède.

CAKE AUX DEUX POIVRONS

4 à 6 pers. Préparation : 20 min Cuisson : 45 min

- 200 g de farine • 3 œufs • 1 dl de lait • 1,5 dl d'huile d'olive
- 1 sachet de levure • 1 poivron rouge • 1 poivron jaune • 2 gousses d'ail • 1 bouquet de persil • 20 g de beurre • sel, poivre

Réalisation

Épluchez l'ail, épépinez les poivrons. Hachez-les grossièrement et faites-les revenir dans une cuillerée d'huile d'olive pendant 5 minutes. Ciselez le persil.

Préchauffez le four th. 6 (180°). Beurrez le moule. Mélangez dans une terrine la farine, la levure et les œufs battus avec du sel et du poivre.

Ajoutez le reste d'huile, le lait, les poivrons et l'ail. Ajoutez le persil ciselé.

Versez la préparation dans le moule et faites cuire pendant 45 minutes environ. Attendez 5 minutes avant de démouler et laissez refroidir. Servez à température ambiante.

CAKE AUX HERBES

4 pers. Préparation : 10 min Cuisson : 50 min

• 150 g de farine • 3 œufs • 0,8 dl d'huile d'olive • 1 sachet de levure • 1 yaourt velouté nature • 50 g de gruyère râpé • 1/2 bouquet de persil • 1/2 bouquet de ciboulette • 1/2 bouquet de menthe • 1/2 bouquet d'aneth • 1/2 bouquet de coriandre • 1/2 cuil. à café de cumin • 1 cuil. à café de moutarde • 20 g de beurre • sel, poivre

Réalisation

Préchauffez le four th. 6 (180°). Beurrez un moule à cake. Battez les œufs en omelette, ajoutez le yaourt, du sel, du poivre, le cumin, la moutarde, la farine et la levure. Mélangez bien. Lavez les herbes, séchez-les, ciselez-les finement, puis ajoutez-les à la préparation, ainsi que le gruyère râpé. Versez la préparation dans le moule et faites cuire pendant 50 minutes. Vérifiez que le cake est cuit en plongeant la lame d'un couteau ; elle doit ressortir sèche. Laissez refroidir légèrement, puis démoulez le cake sur un plat. Servez à température ambiante.

Notre conseil : servez ce cake avec du jambon braisé ou fumé.

CAKE AUX LÉGUMES DE PRINTEMPS

4 à 6 pers. Préparation : 20 min Cuisson : 1 h

• 200 g de farine • 3 œufs • 1 dl de lait • 1 dl de crème • 1 sachet de levure • 100 g de petits pois • 100 g de brocolis • 100 g de carottes nouvelles • 1 poivron rouge • 20 g de beurre • sel, poivre

Réalisation

Écossez les petits pois, lavez les brocolis, séparez-les en petits bouquets, pelez les carottes, coupez-les en dés, lavez et épépinez le poivron, coupez la chair en dés. Faites cuire les légumes séparément à l'eau bouillante salée, égouttez-les.

Préchauffez le four th. 6 (180°). Beurrez le moule. Mélangez dans une terrine la farine, la levure et les œufs battus avec du sel et du poivre. Ajoutez le lait et la crème, puis les légumes.

Versez la préparation dans le moule et faites cuire pendant 45 min minutes environ. Vérifiez le degré de cuisson, laissez reposer 5 minutes avant de démouler. Servez chaud, tiède ou froid.

Nos conseils : servez avec un coulis de tomates à la ciboulette (recette page 143). Vous pouvez utiliser pour cette recette des légumes surgelés.

CAKE AUX MAGRETS FUMÉS ET AUX PIGNONS DE PIN

4 à 6 pers. **Préparation : 15 min Cuisson : 45 min**

- 200 g de farine • 3 œufs • 1 dl de lait • 1 dl d'huile d'olive
- 1 sachet de levure • 200 g de magret de canard fumé • 100 g de pignons de pin • 20 g de beurre • sel, poivre

Réalisation

Débarrassez les magrets de leur gras, coupez chaque tranche en deux ou trois. Farinez-les. Préchauffez le four th. 6 (180°). Beurrez le moule. Mélangez dans une terrine la farine, la levure et les œufs battus avec du sel et du poivre. Ajoutez l'huile, le lait et mélangez bien. Incorporez les lamelles de magrets et les pignons.

Versez la préparation dans le moule et faites cuire pendant 45 minutes environ. Vérifiez la cuisson en plongeant la lame d'un couteau au centre du cake. Laissez reposer quelques min minutes puis démoulez. Servez tiède.

Notre conseil : accompagnez d'une salade de laitue et de tomates à l'huile de noix.

CAKE AUX OIGNONS ET AUX LARDONS

4 à 6 pers.   Préparation : 20 min Cuisson : 55 min

- 200 g de farine • 3 œufs • 1 dl de lait • 1 dl d'huile d'olive • 1 sachet de levure • 200 g d'oignons • 200 g d'allumettes de lard fumé • 100 g de gruyère râpé • 320 g de beurre + 20 g pour le moule • sel, poivre

Réalisation

Épluchez les oignons, hachez-les et faites-les revenir à feu doux dans 30 g de beurre jusqu'à ce qu'ils soient fondus. Ajoutez les allumettes de lard, mélangez bien.

Préchauffez le four th. 6 (180°). Beurrez le moule. Mélangez dans une terrine la farine, la levure et les œufs battus avec du sel et du poivre. Ajoutez l'huile, le lait, le gruyère râpé, les oignons et les lardons

Versez la préparation dans le moule et faites cuire pendant 45 minutes environ. Vérifiez la cuisson avec la lame d'un couteau puis laissez reposer 5 minutes. Démoulez et laissez tiédir.

CAKE AUX OLIVES ET AUX HERBES

4 à 6 pers. Préparation : 10 min Cuisson : 45 min

• 200 g de farine • 3 œufs • 1 dl de lait • 1 dl d'huile d'olive • 1 sachet de levure • 50 g d'olives vertes dénoyautées • 50 g d'olives noires dénoyautées • 2 branches de thym • 2 branches de romarin • 20 g de beurre • sel, poivre

Réalisation

Préchauffez le four th. 6 (180°). Beurrez le moule à cake.
Farinez les olives. Mélangez dans une terrine la farine, la levure et les œufs battus avec du sel et du poivre. Ajoutez l'huile, le lait, puis lorsque le mélange est homogène, incorporez les olives, le thym et le romarin effeuillés.
Versez la préparation dans le moule et faites cuire pendant 45 minutes environ. Vérifiez la cuisson avec la lame d'un couteau, puis laissez en attente 5 minutes avant de démouler. Laissez refroidir.

Notre conseil : servez ce cake avec de la charcuterie ou du fromage de chèvre frais.

CAKE AUX OLIVES ET AUX TOMATES SÉCHÉES

4 à 6 pers.   **Préparation : 15 min Cuisson : 4 min**

• 200 g de farine • 3 œufs • 1 sachet de levure • 125 g d'olives vertes dénoyautées • 150 g de talon de jambon • 100 g de tomates séchées • 75 g de gruyère râpé • 0,8 dl d'huile • 0,8 dl de vin blanc sec • 20 g de beurre • sel, poivre

Réalisation

Préchauffez le four th. 6 (180°). Beurrez le moule. Coupez le jambon, les tomates séchées et les olives en petits dés. Farinez-les.

Mélangez dans une terrine la farine, la levure et les œufs battus avec du sel et du poivre. Ajoutez l'huile, le vin blanc, le gruyère, le jambon et les olives.

Versez la préparation dans le moule et faites cuire pendant 45 minutes environ. Vérifiez la cuisson avec la lame d'un couteau. Laissez reposer 5 minutes avant de démouler et laissez refroidir.

Notre conseil : servez à température ambiante, à l'apéritif ou avec de la charcuterie.

CAKE AUX PETITS POIS ET AUX HERBES

4 à 6 pers. **Préparation : 10 min Cuisson : 45 min**

• 200 g de farine • 3 œufs • 1 yaourt nature velouté • 0,8 dl d'huile d'olive • 1 sachet de levure • 500 g de petits pois écossés crus • 50 g de gruyère râpé • 1 bouquet d'estragon • 1 bouquet d'aneth • 20 g de beurre • sel, poivre

Réalisation

Préchauffez le four th. 6 (180°). Beurrez le moule à cake.

Lavez les herbes, séchez-les, ciselez-les.

Mélangez dans un saladier la farine, la levure, les œufs battus, le yaourt, l'huile, une pincée de sel et le gruyère râpé. Incorporez les herbes ciselées et les petits pois.

Versez la préparation dans le moule et enfournez. Laissez cuire environ 45 minutes. Vérifiez la cuisson et laissez reposer 5 minutes. Démoulez le cake et servez-le tiède ou froid.

Notre conseil : proposez ce cake en accompagnement d'une viande blanche ou de charcuterie.

CAKE AUX PRUNEAUX ET AUX LARDONS

4 à 6 pers.   **Préparation : 5 min   Cuisson : 50 min**

• 200 g de farine • 3 œufs • 1 sachet de levure • 1 dl d'huile • 1 dl de lait • 150 g d'allumettes de lard fumé • 10 pruneaux dénoyautés • 100 g de gruyère râpé • 20 g de beurre • sel, poivre

Réalisation

Faites dorer les allumettes de lard dans une poêle à revêtement antiadhésif pendant 5 minutes. Égouttez-les sur un papier adhésif, farinez-les. Coupez les pruneaux en petits morceaux, farinez-les.

Préchauffez le four th. 6 (180°). Beurrez le moule. Mélangez la farine, la levure avec les œufs battus. Ajoutez un peu de sel, du poivre, le lait, l'huile et le gruyère râpé. Incorporez les allumettes de lard et les morceaux de pruneaux.

Versez la préparation dans le moule et faites cuire pendant 45 minutes environ. Vérifiez la cuisson puis laissez reposer pendant 5 minutes avant de démouler. Servez tiède.

Notre conseil : servez ce cake en entrée ou à l'apéritif, coupé en dés.

CAKE AUX TOMATES SÉCHÉES ET AU ROMARIN

4 à 6 pers. Préparation : 10 min Cuisson : 45 min

• 200 g de farine • 3 œufs • 1 dl de lait • 1 dl d'huile d'olive • 1 sachet de levure • 150 g de tomates séchées • 3 branches de romarin • 20 g de beurre • sel, poivre

Réalisation

Préchauffez le four th. 6 (180°). Beurrez le moule à cake.

Coupez les tomates séchées en petits morceaux, farinez-les.

Mélangez dans une terrine la farine, la levure et les œufs battus avec du sel et du poivre. Ajoutez l'huile, le lait, puis, lorsque le mélange est homogène, incorporez les morceaux de tomates et le romarin effeuillé.

Versez la préparation dans le moule et faites cuire pendant 45 minutes environ. Vérifiez la cuisson avec la lame d'un couteau, puis laissez en attente 5 minutes avant de démouler. Laissez refroidir.

Notre conseil : servez ce cake avec de la charcuterie ou du fromage de chèvre frais.

CAKE AUX TOMATES ET AU PARMESAN

4 à 6 pers. **Préparation : 15 min Cuisson : 45 min**

• 200 g de farine • 3 œufs • 1 dl de lait • 1 dl d'huile d'olive • 1 sachet de levure • 3 tomates • 100 g de parmesan râpé • 2 cuil. à café d'herbes de Provence • 20 g de beurre • sel, poivre

Réalisation

Préchauffez le four th. 6 (180°). Beurrez le moule. Pelez les tomates après les avoir ébouillantées, épépinez-les et coupez la chair en dés, farinez-les. Mélangez dans une terrine la farine, la levure et les œufs battus avec du sel et du poivre. Ajoutez l'huile et le lait. Incorporez ensuite les herbes, le parmesan râpé puis les dés de tomates.

Versez la préparation dans le moule et faites cuire pendant 45 minutes environ. Vérifiez la cuisson puis laissez reposer 5 minutes avant de démouler.

Notre conseil : servez froid avec une salade de roquette.

CAKE À LA RICOTTA ET AUX PISTACHES

4 à 6 pers. Préparation : 20 min Cuisson : 45 min

- 200 g de farine • 125 g de beurre + 20 g pour le moule • 3 œufs
- 2 cuil. à soupe d'huile d'olive • 1 sachet de levure • 300 g de ricotta • 200 g de pistaches grillées • 75 g de parmesan râpé
- sel, poivre

Réalisation

Préchauffez le four th. 6 (180°). Beurrez le moule. Coupez la ricotta en petits dés, concassez les pistaches.

Mélangez la farine avec la levure, un peu de sel et de poivre et les œufs battus. Faites fondre le beurre, ajoutez-le et mélangez bien. Incorporez ensuite le parmesan, la ricotta et les pistaches.

Versez dans le moule et faites cuire environ 45 minutes. Vérifiez la cuisson, laissez en attente 5 minutes avant de démouler. Servez tiède.

CAKE AUX COURGETTES ET AUX PIGNONS

4 à 6 pers. Préparation : 20 min Cuisson : 55 min

• 200 g de farine • 125 g de beurre + 20 g pour le moule • 3 œufs • 2 cuil. à soupe d'huile d'olive • 1 sachet de levure • 300 g de courgettes • 200 g de pignons • sel, poivre

Réalisation

Lavez les courgettes, râpez-les.
Préchauffez le four th. 6 (180°). Beurrez le moule. Mélangez la farine avec la levure, un peu de sel et de poivre et les œufs battus. Faites fondre le beurre, ajoutez-le et mélangez bien. Incorporez ensuite les courgettes râpées et les pignons. Versez dans le moule et faites cuire environ 45 minutes. Vérifiez la cuisson, laissez en attente 5 minutes avant de démouler. Servez tiède.

CAKE AU PARMESAN

4 à 6 pers. Préparation : 15 min Cuisson : 45 min

- 200 g de farine • 3 œufs • 1 dl de lait • 1 dl d'huile d'olive
- 1 sachet de levure • 150 g parmesan râpé • 20 g de beurre
- sel, poivre

Réalisation

Préchauffez le four th. 6 (180°). Beurrez le moule. Mélangez dans une terrine la farine, la levure et les œufs battus avec du sel et du poivre. Ajoutez l'huile, le lait, le parmesan râpé.

Versez la préparation dans le moule et faites cuire pendant 45 minutes environ. Vérifiez la cuisson, puis laissez reposer quelques minutes avant de démouler. Servez tiède ou froid.

Notre conseil : servez en apéritif, ou en entrée avec une salade de roquette arrosée d'un filet d'huile d'olive.

CAKES SUCRÉS

•

CAKE À L'ANANAS

4 à 6 pers. **Préparation : 15 min Cuisson : 45 min**

• 200 g de farine • 140 g de sucre • 140 g de beurre + 20 g pour le moule • 3 œufs • 1 sachet de levure • 200 g d'ananas au sirop • 2 cuil. à soupe de rhum • sel

Réalisation

Sortez le beurre à l'avance du réfrigérateur. Préchauffez le four th. 6 (180°). Beurrez le moule. Coupez les tranches d'ananas en morceaux, arrosez-les de rhum.

Fouettez le sucre avec le beurre jusqu'à ce que le mélange blanchisse. Ajoutez la farine, la levure, une pincée de sel, les œufs battus. Mélangez bien pour obtenir une pâte homogène. Incorporez les morceaux d'ananas et le rhum de macération.

Versez la préparation dans le moule et faites cuire environ 45 minutes. Vérifiez la cuisson, laissez reposer le cake pendant quelques min minutes avant de la démouler. Laissez refroidir.

CAKE À L'ANIS

4 à 6 pers.   Préparation : 10 min Cuisson : 45 min

• 200 g de farine • 140 g de sucre • 140 g de beurre + 20 g pour le moule • 3 œufs • 1 sachet de levure • 1 cuil. à soupe d'anis en poudre • sel

Réalisation

Sortez le beurre à l'avance du réfrigérateur.
Préchauffez le four th. 6 (180°). Beurrez le moule. Fouettez le sucre avec le beurre jusqu'à ce que le mélange blanchisse. Ajoutez la farine, la levure, une pincée de sel, l'anis et les œufs battus.
Versez la préparation dans le moule et faites cuire environ 45 minutes. Vérifiez la cuisson et laissez reposer pendant 5 minutes.
Démoulez et laissez refroidir. Dégustez à température ambiante.

CAKE À L'ANTILLAISE

4 à 6 pers. Préparation : 15 min Cuisson : 45 min

• 200 g de farine • 100 g de sucre • 100 g de beurre + 20 g pour le moule • 3 œufs • 1 sachet de levure • 2 sachets de sucre vanillé • 1 yaourt velouté nature • 100 g de noix de coco râpée • 200 g d'ananas frais • sel

Réalisation

Sortez le beurre à l'avance du réfrigérateur.
Coupez l'ananas en petits morceaux après avoir enlevé les parties fibreuses. Farinez-les.
Préchauffez le four th. 6 (180°). Beurrez le moule.
Fouettez les sucres avec le beurre jusqu'à ce que le mélange blanchisse. Ajoutez la farine, la levure, une pincée de sel, les œufs battus, le yaourt et la noix de coco.
Mélangez bien pour obtenir une pâte homogène.
Incorporez les morceaux d'ananas.
Versez la préparation dans le moule et faites cuire environ 45 minutes. Vérifiez la cuisson puis laissez reposer 5 minutes avant de démouler. Laissez refroidir et consommez à température ambiante.

Notre conseil : vous pouvez arroser ce cake avec

un peu de rhum lorsqu'il est encore chaud. Vous pouvez utiliser de l'ananas au sirop bien égoutté.

CAKE À LA CANNELLE ET AU PRALIN

4 à 6 pers. Préparation : 15 min Cuisson : 45 min

• 200 g de farine • 120 de sucre • 140 de beurre + 20 g pour le moule • 3 œufs • 1 sachet de levure • 1 sachet de sucre vanillé • 100 g de noisettes en poudre • 100 g de pralin • 2 yaourts nature • 1 cuil. à café de cannelle en poudre • sel

Réalisation

Préchauffez le four th. 6 (180°). Beurrez le moule. Mélangez dans un saladier la farine, la levure, les sucres, une pincée de sel, la poudre de noisettes, le pralin et la cannelle. Incorporez les œufs, les yaourts, mélangez bien, incorporez le beurre fondu et versez dans le moule.
Faites cuire pendant 45 minutes. Vérifiez la cuisson en plongeant la lame d'un couteau dans le cake ; elle doit ressortir sèche. Laissez en attente 5 minutes, démoulez et laissez refroidir avant de déguster.

Notre conseil : servez au petit déjeuner ou pour le goûter.

CAKE À LA NOIX DE COCO

4 à 6 pers. Préparation : 10 min Cuisson : 45 min

• 100 g de farine • 140 g de sucre • 3 œufs • 140 g de beurre + 20 g pour le moule • 3 œufs • 1 sachet de levure • 150 g de noix de coco râpée • extrait de vanille

Réalisation

Sortez le beurre à l'avance du réfrigérateur. Préchauffez le four th. 6 (180°). Beurrez le moule. Fouettez le sucre et le beurre, ajoutez les œufs battus, la farine et la levure, quelques gouttes d'extrait de vanille et la moitié de la noix de coco. Mélangez bien.

Versez dans le moule, saupoudrez avec le reste de noix de coco, et faites cuire 45 minutes environ. Vérifiez la cuisson, puis laissez reposer 5 minutes avant de démouler. Laissez refroidir.

Notre conseil : servez avec une glace à la vanille ou une salade de mangues fraîches.

CAKE À LA NOIX DE COCO ET AU CHOCOLAT NOIR

4 à 6 pers. Préparation : 15 min Cuisson : 45 min

• 200 g de farine • 140 g de sucre • 140 g de beurre + 20 g pour le moule • 3 œufs • 1 sachet de levure • 1 dl de lait • 150 g de noix de coco râpée • 100 g de chocolat noir • 50 g de cacao amer • sel

Réalisation

Préchauffez le four th. 6 (180°). Beurrez le moule. Cassez les œufs en séparant les blancs des jaunes. Râpez le chocolat. Fouettez le sucre avec les jaunes d'œufs, ajoutez le lait, la farine, la levure, une pincée de sel en mélangeant vigoureusement pour obtenir un mélange homogène. Incorporez le beurre fondu, puis le cacao amer et le chocolat râpé ainsi que la noix de coco dont vous garderez deux cuillerées à soupe pour le décor. Battez les blancs d'œufs en neige ferme avec une pincée de sel. Incorporez-les délicatement à la pâte. Versez la préparation dans le moule, saupoudrez le dessus avec le reste de noix de coco et enfournez.
Laissez cuire environ 45 minutes. Vérifiez la cuisson, laissez reposer 5 minutes avant de démouler. Laissez refroidir.

CAKE À LA VANILLE

4 à 6 pers. Préparation : 10 min Cuisson : 45 min

- 200 g de farine • 3 œufs • 140 g de sucre • 140 g de beurre + 20 g pour le moule • 1 sachet de levure • 2 gousses de vanille • sel

Réalisation

Sortez le beurre à l'avance du réfrigérateur. Préchauffez le four th. 6 (180°). Beurrez le moule. Fouettez le sucre avec le beurre jusqu'à ce que le mélange blanchisse.

Ajoutez les œufs battus, la farine, la levure et une pincée de sel. Ouvrez les gousses de vanille en deux, prélevez les graines avec la pointe d'un couteau et ajoutez-les à la pâte.

Versez la préparation dans le moule et faites cuire pendant 45 minutes environ. Vérifiez la cuisson puis laissez reposer 5 minutes avant de démouler. Servez tiède ou à température ambiante.

Notre conseil : accompagnez de confiture au petit déjeuner ou au goûter, ou encore de sirop d'oranges (recette page 147).

CAKE À L'ORANGE, AUX DATTES ET À LA CANNELLE

4 à 6 pers.   **Préparation : 20 min Cuisson : 45 min**

• 200 g de farine • 140 g de sucre • 140 g de beurre + 20 g pour le moule • 3 œufs • 1 sachet de levure • 1 orange non traitée • 50 g de dattes • 3 pincées de cannelle • sel

Réalisation

Sortez le beurre à l'avance du réfrigérateur.
Coupez les dattes en petits morceaux, farinez-les.
Prélevez le zeste de l'orange avec un couteau économe, râpez-le et pressez le fruit.
Préchauffez le four th. 6 (180°). Beurrez le moule.
Fouettez le sucre avec le beurre. Ajoutez la farine, la levure, une pincée de sel, les œufs battus, le jus et le zeste de l'orange ainsi que la cannelle. Mélangez bien pour obtenir une pâte homogène, puis incorporez les morceaux de dattes.
Versez la préparation dans le moule et faites cuire environ 45 minutes.
Vérifiez la cuisson, laissez reposer 5 minutes puis démoulez. Laissez refroidir.

CAKE À L'ORANGE, AUX NOIX ET AU MIEL

4 à 6 pers. **Préparation : 20 min Cuisson : 45 min**

• 200 g de farine • 140 g de sucre • 140 g de beurre + 20 g pour le moule • 3 œufs • 1 sachet de levure • 1 orange non traitée • 75 g de cerneaux de noix • 1 cuil. à soupe de miel liquide • sel

Réalisation

Sortez le beurre à l'avance du réfrigérateur.

Prélevez le zeste de l'orange avec un couteau économe, râpez-le et pressez le fruit. Concassez grossièrement les cerneaux de noix.

Préchauffez le four th. 6 (180°). Beurrez le moule. Fouettez le sucre avec le beurre jusqu'à ce que le mélange blanchisse. Ajoutez la farine, la levure, une pincée de sel, le jus et le zeste de l'orange, le miel et les œufs battus. Mélangez bien pour obtenir une pâte homogène, puis incorporez les noix.

Versez la préparation dans le moule et faites cuire environ 45 minutes. Vérifiez la cuisson en plantant la lame d'un couteau au cœur du cake et laissez reposer 5 minutes. Démoulez le cake et laissez-le refroidir.

CAKE À L'ORANGE ET AUX AMANDES

4 à 6 pers. **Préparation : 10 min Cuisson : 45 min**

• 200 g de farine • 140 g de sucre • 140 g de beurre + 20 g pour le moule • 3 œufs • 1/2 sachet de levure • 1 orange non traitée • 75 g d'amandes effilées • sel

Réalisation

Préchauffez le four th. 7 (210°). Beurrez un moule à cake. Prélevez le zeste de l'orange avec un couteau économe et râpez-le. Pressez le fruit. Fouettez dans une jatte le sucre avec les œufs jusqu'à ce que le mélange blanchisse. Ajoutez alors la farine et la levure ainsi qu'une pincée de sel.
Faites fondre le beurre, incorporez-le, mélangez bien, puis ajoutez le zeste et le jus de l'orange ainsi que la moitié des amandes. Versez la préparation dans le moule, saupoudrez le dessus avec le reste des amandes et faites cuire environ 45 minutes. Vérifiez la cuisson en plongeant la lame d'un couteau au centre du cake ; elle doit ressortir sèche. Laissez reposer pendant 5 minutes, puis démoulez le cake et laissez-le refroidir.

Notre conseil : vous pouvez arroser ce cake de

deux cuillerées à soupe de Cointreau ou de Grand-Marnier à sa sortie du four.

CAKE AU CAFÉ ET AUX AMANDES

4 à 6 pers. Préparation : 15 min Cuisson : 45 min

• 200 g de farine • 140 g de sucre • 140 g de beurre + 20 g pour le moule • 3 œufs • 1 sachet de levure • 50 g d'amandes effilées • extrait de café liquide • sel

Réalisation

Sortez le beurre à l'avance du réfrigérateur. Préchauffez le four th. 6 (180°). Beurrez le moule. Fouettez le sucre avec le beurre jusqu'à ce que le mélange blanchisse. Ajoutez la farine, la levure, une pincée de sel, les œufs battus et quelques gouttes d'extrait de café.

Versez la préparation dans le moule, saupoudrez d'amandes effilées et faites cuire environ 45 minutes. Vérifiez la cuisson avec la lame d'un couteau et laissez reposer 5 minutes avant de démouler. Servez à température ambiante.

Notre conseil : accompagnez ce cake d'une crème anglaise à la vanille (recette page 144).

CAKE AU CAFÉ ET AUX NOIX

4 à 6 pers. Préparation : 15 min Cuisson : 45 min

• 100 g de farine • 120 g de sucre • 120 g de beurre + 20 g pour le moule • 3 œufs • 1 sachet de levure • 100 g de noix hachées • extrait de café • sel

Réalisation

Sortez le beurre du réfrigérateur à l'avance. Préchauffez le four th. 6 (180°). Beurrez le moule. Battez le sucre avec le beurre jusqu'à ce que le mélange blanchisse. Ajoutez les noix, quelques gouttes d'extrait de café et les œufs battus. Incorporez ensuite une pincée de sel, la levure et la farine. Mélangez bien.

Versez dans le moule et faites cuire pendant 45 minutes. Vérifiez la cuisson, puis laissez en attente 5 minutes avant de démouler. Servez à température ambiante.

Notre conseil : servez ce cake en dessert avec une crème anglaise, ou encore au petit déjeuner ou au goûter.

# CAKE AU CHOCOLAT ET À L'ORANGE

4 à 6 pers.   Préparation : 15 min Cuisson : 45 min

- 200 g de farine • 3 œufs • 140 g de beurre + 20 g pour le moule • 140 g de sucre • 1 sachet de levure • 100 g de chocolat noir • 1 orange non traitée • sel

Réalisation

Sortez le beurre à l'avance du réfrigérateur.
Préchauffez le four th. 6 (180°). Beurrez le moule. Prélevez le zeste de l'orange avec un couteau économe, râpez-le et pressez le fruit.
Fouettez le sucre avec le beurre jusqu'à ce que le mélange blanchisse. Ajoutez les œufs battus, le chocolat râpé, les zestes râpés, le jus de l'orange, la farine, la levure, une pincée de sel. Mélangez pour obtenir une pâte homogène.
Versez la préparation dans le moule et faites cuire pendant 45 minutes environ. Vérifiez la cuisson avec un couteau, laissez reposer 5 minutes avant de démouler. Servez à température ambiante.

Notre conseil : vous pouvez disposer sur le cake des zestes d'oranges confits (recette page 148) et l'accompagner d'un sirop d'oranges (page 147).

CAKE AU CHOCOLAT ET AUX ÉPICES

4 pers.   **Préparation : 10 min Cuisson : 35 min**

• 200 g de farine • 140 g de beurre + 20 g pour le moule • 140 g de sucre • 3 œufs • 200 g de chocolat noir • 1 cuil. à café de cannelle en poudre • 1 cuil. à café d'extrait de vanille • 1 cuil. à café de cardamome en poudre • sel

Réalisation

Préchauffez le four th. 6 (180°). Beurrez un moule à cake.

Faites fondre le chocolat coupé en morceaux avec une cuillerée à soupe d'eau. Ajoutez le beurre fractionné. Battez les œufs avec le sucre, incorporez la farine, une pincée de sel, les épices, le chocolat mélangé au beurre.

Versez la préparation dans le moule et faites cuire pendant 35 minutes. Plongez la lame d'un couteau dans le gâteau pour vérifier la cuisson ; elle doit ressortir sèche. Laissez refroidir un peu avant de démouler. Servez froid.

Notre conseil : ce cake peut être accompagné d'une crème anglaise à la vanille (recette page 144).

CAKE AU CHOCOLAT ET AUX NOISETTES

4 pers. — **Préparation : 10 min Cuisson : 50 à 55 min**

• 200 g de farine • 140 g de beurre + 20 g pour le moule • 140 g de sucre • 3 œufs • 1 sachet de levure • 75 g de pépites de chocolat • 75 g de noisettes concassées • sel

Réalisation

Préchauffez le four th. 6 (180°). Beurrez le moule. Fouettez dans un saladier le sucre et le beurre pour obtenir un mélange mousseux, ajoutez les œufs battus, la farine, la levure et une pincée de sel. Mélangez bien puis incorporez les pépites de chocolat et les noisettes concassées.

Versez la préparation dans le moule, faites cuire 50 à 55 minutes. Vérifiez la cuisson : une lame de couteau plongée au centre du cake doit ressortir sèche. Laissez reposer 10 minutes, puis démoulez. Laissez refroidir avant de servir.

CAKE AU CITRON, À L'ORANGE ET AU WHISKY

4 à 6 pers. Préparation : 20 min Cuisson : 45 min

• 200 g de farine • 140 g de sucre • 140 g de beurre + 20 g pour le moule • 3 œufs • 1 sachet de levure • 1 orange non traitée • 1 citron non traité • 2 cuil. à soupe de whisky • sel

Réalisation

Prélevez le zeste des fruits avec un couteau économe, râpez-le, mettez-le dans un bol, arrosez de whisky.

Préchauffez le four th. 6 (180°). Beurrez le moule. Fouettez le sucre avec le beurre jusqu'à ce que le mélange blanchisse. Ajoutez la farine, la levure, une pincée de sel et les œufs battus. Mélangez pour obtenir une pâte homogène, puis incorporez les zestes avec le whisky.

Versez la préparation dans le moule et faites cuire environ 45 minutes. Vérifiez la cuisson avec la lame d'un couteau puis laissez reposer quelques min minutes. Démoulez et laissez refroidir. Servez à température ambiante.

CAKE AU CITRON ET À LA FLEUR D'ORANGER

4 à 6 pers. Préparation : 15 min Cuisson : 45 min

• 200 g de farine • 140 g de sucre • 140 g de beurre + 20 g pour le moule • 3 œufs • 1 sachet de levure • 1 citron non traité • 2 cuil. à soupe d'eau de fleur d'oranger • sel

Réalisation

Sortez le beurre à l'avance du réfrigérateur.
Prélevez le zeste du citron avec un couteau économe, râpez-le. Pressez le fruit.
Préchauffez le four th. 6 (180°). Beurrez le moule.
Fouettez le sucre et le beurre pour obtenir une pâte mousseuse.
Ajoutez la farine, la levure, les œufs battus, l'eau de fleur d'oranger, le zeste et le jus du citron ainsi qu'une pincée de sel. Mélangez bien.
Versez la pâte dans le moule et faites cuire 45 minutes environ. Vérifiez la cuisson, puis laissez reposer 5 minutes. Démoulez et laissez refroidir.
Servez tiède ou froid.

CAKE AU GINGEMBRE ET AUX ZESTES D'ORANGES

4 à 6 pers. **Préparation : 15 min Cuisson : 45 min**

• 200 g de farine • 140 g de sucre • 140 g de beurre + 20 g pour le moule • 3 œufs • 1 sachet de levure • 0,75 dl de lait • 0,2 dl de rhum • 120 g de zestes d'orange confits • 1 cuil. à soupe de gingembre en poudre • sel

Réalisation

Sortez le beurre à l'avance du réfrigérateur.
Préchauffez le four th. 6 (180°). Beurrez le moule à cake. Coupez les zestes d'orange confitse en petits dés, farinez-les.
Battez le beurre et le sucre pour obtenir une pâte blanche et mousseuse. Ajoutez les œufs battus, le lait, le rhum, la farine, la levure, le gingembre, une pincée de sel. Mélangez bien. Incorporez les zestes d'orange.
Versez la pâte dans le moule, enfournez et laissez cuire 45 minutes environ. Vérifiez la cuisson du cake en plantant la lame d'un couteau dans la pâte ; elle doit ressortir sèche. Laissez en attente quelques minutes avant de démouler. Servez à température ambiante.

CAKE AU POTIRON

4 à 6 pers. Préparation : 20 min Cuisson : 45 min

- 200 g de farine • 125 g de beurre + 20 g pour le moule • 125 g de sucre • 3 œufs • 1 sachet de levure • 400 g de potiron • 3 pincées de cannelle • 2 pincées de quatre-épices • sel

Réalisation

Préchauffez le four th. 6 (180°). Beurrez le moule. Râpez le potiron.

Fouettez dans une terrine le sucre et le beurre jusqu'à ce que le mélange blanchisse. Ajoutez les œufs battus, puis la farine, la levure et les épices ainsi qu'une pincée de sel. Mélangez bien, puis ajoutez le potiron râpé.

Versez la pâte dans le moule et faites cuire pendant environ 45 minutes. Vérifiez la cuisson, laissez reposer 5 minutes avant de démouler. Laissez refroidir.

CAKE AU THÉ VERT

4 à 6 pers.   **Préparation : 10 min Cuisson : 45 min**

- 200 g de farine • 4 œufs • 150 g de beurre + 20 g pour le moule
- 150 g de sucre • 1 sachet de levure • 15 g de thé vert • sel

Réalisation

Sortez le beurre à l'avance du réfrigérateur pour qu'il soit mou.
Préchauffez le four th. 6 (180°). Beurrez un moule à cake.
Cassez les œufs, séparez les blancs des jaunes. Mettez les jaunes dans un saladier avec le sucre, battez jusqu'à ce que le mélange blanchisse. Ajoutez le beurre fractionné, puis la farine, la levure, une pincée de sel et le thé. Battez les blancs d'œufs en neige ferme avec une pincée de sel, puis incorporez-les au mélange. Versez dans le moule et faites cuire environ 45 minutes. Vérifiez la cuisson en sondant le gâteau avec la lame d'un couteau ; elle doit ressortir sèche. Laissez légèrement refroidir avant de démouler. Dégustez ce cake froid.

CAKE AUX ABRICOTS

4 à 6 pers. Préparation : 15 min Cuisson : 45 min

• 200 g de farine • 140 g de sucre • 140 g de beurre + 20 g pour le moule • 3 œufs • 1 sachet de levure • 8 abricots • 75 g d'amandes effilées • sel

Réalisation

Coupez les abricots en morceaux. Mettez-les dans une casserole avec 50 g de sucre et 1 dl d'eau. Faites les cuire pendant 15 minutes. Retirez-les, puis farinez-les.

Fouettez le reste de sucre avec le beurre jusqu'à ce que le mélange mousse puis incorporez la farine, la levure, une pincée de sel et les œufs battus. Mélangez bien pour obtenir une pâte homogène puis ajoutez les morceaux d'abricots. Versez la pâte dans le moule, saupoudrez d'amandes effilées et faites cuire environ 45 minutes. Vérifiez la cuisson puis laissez reposer 5 minutes avant de démouler. Servez tiède ou froid.

CAKE AUX ABRICOTS ET AUX AMANDES

4 à 6 pers. Préparation : 15 min Cuisson : 45 min

• 100 g de farine • 140 g de sucre • 140 g de beurre + 20 g pour le moule • 3 œufs • 1 sachet de levure • 8 abricots • 100 g d'amandes en poudre • 4 cuil. à soupe de marmelade d'abricots • sel

Réalisation

Coupez les abricots en morceaux. Mettez-les dans une casserole avec 50 g de sucre et 1 dl d'eau. Faites les cuire pendant 15 minutes. Retirez-les, puis farinez-les.

Fouettez le reste de sucre avec le beurre jusqu'à ce que le mélange mousse puis incorporez la farine, la levure, une pincée de sel, les amandes en poudre et les œufs battus. Mélangez bien pour obtenir une pâte homogène puis ajoutez les morceaux d'abricots.

Versez la pâte dans le moule et faites cuire environ 45 minutes. Vérifiez la cuisson puis laissez reposer 5 minutes avant de démouler.

Faites tiédir la marmelade d'abricots, nappez-en le cake. Servez tiède ou froid.

CAKE AUX AGRUMES

4 à 6 pers. Préparation : 20 min Cuisson : 45 min

• 200 g de farine • 100 g de cassonade • 3 œufs • 1 sachet de levure • ? étoiles d'anis • 2 yaourts nature • 1 dl d'huile • 2 oranges • 1 pamplemousse • 20 g de beurre • sel

Réalisation

Préchauffez le four th. 6 (180°). Beurrez le moule. Mélangez dans une terrine la farine, la levure, la cassonade, une pincée de sel et les œufs battus. Ajoutez les yaourts, l'huile et les étoiles d'anis.
Épluchez les oranges et le pamplemousse, prélevez les quartiers en enlevant les peaux blanches, coupez-les en deux. Ajoutez les quartiers de fruits à la pâte.
Versez la préparation dans le moule et faites cuire pendant 45 minutes environ. Surveillez la cuisson, démoulez le cake après l'avoir laissé reposer 5 minutes.

Notre conseil : arrosez le cake encore chaud de sirop d'oranges (recette page 147), et servez-le tiède.

CAKE AUX AMANDES ET AU CITRON

4 à 6 pers. Préparation : 15 min Cuisson : 45 min

• 100 g de farine • 150 g d'amandes en poudre • 140 g de sucre • 140 g de beurre + 20 g pour le moule • 3 œufs • 1 sachet de levure • 1 citron non traité • 75 g d'amandes effilées • sel

Réalisation

Préchauffez le four th. 6 (180°). Beurrez le moule. Prélevez le zeste du citron avec un couteau économe, râpez-le. Pressez le fruit.
Fouettez dans une terrine le beurre et le sucre jusqu'à ce que le mélange blanchisse.
Incorporez les œufs battus, puis les amandes en poudre et le jus et le zeste du citron. Mélangez bien. Ajoutez la farine la levure, une pincée de sel. Versez la pâte dans le moule, saupoudrez d'amandes effilées et faites cuire environ 45 minutes. Vérifiez la cuisson, puis laissez en attente 5 minutes avant de démouler. Servez à température ambiante.

Notre conseil : variez cette recette en remplaçant le citron par une orange.

CAKE AUX AMANDES ET AU GINGEMBRE

4 à 6 pers.   Préparation : 15 min Cuisson : 45 min

• 100g de farine • 200 g d'amandes en poudre • 140 g de sucre • 140 g de beurre + 20 g pour le moule • 3 œufs • 1 sachet de levure • 200 g d'amandes en poudre • 100 g de gingembre confit • extrait de vanille • sel

Réalisation

Préchauffez le four th. 6 (180°). Beurrez le moule.
Coupez le gingembre confit en petits dés, farinez-les.
Fouettez dans une terrine le beurre et le sucre jusqu'à ce que le mélange blanchisse.
Incorporez les œufs battus, puis les amandes en poudre, quelques gouttes d'extrait de vanille, la farine, la levure, et une pincée de sel. Ajoutez enfin les dés de gingembre confit.
Versez la pâte dans le moule, saupoudrez d'amandes effilées et faites cuire environ 45 minutes. Vérifiez la cuisson, puis laissez en attente 5 minutes avant de démouler. Servez à température ambiante.

CAKE AUX BANANES ET AU CHOCOLAT

4 à 6 pers.   Préparation : 15 min Cuisson : 45 min min

• 200 g de farine • 140 g de sucre • 140 g de beurre + 20 g pour le moule • 3 œufs • 1 sachet de levure • 2 bananes • 100 g de chocolat noir • sel

Réalisation

Sortez le beurre à l'avance du réfrigérateur. Préchauffez le four th. 6 (180°). Beurrez le moule. Râpez le chocolat.

Fouettez dans une terrine le sucre avec le beurre. Ajoutez les œufs battus, puis la farine, la levure, une pincée de sel et le chocolat râpé. Coupez les bananes en rondelles, enrobez-les de farine et incorporez-les à la pâte délicatement.

Versez la pâte dans le moule et faites cuire 45 minutes environ. Vérifiez la cuisson avec la lame d'un couteau, puis laissez reposer 5 minutes avant de démouler. Laissez refroidir.

# CAKE AUX BANANES ET AUX NOIX

4 à 6 pers. Préparation : 15 min Cuisson : 45 min

• 200 g de farine • 140 g de sucre • 3 œufs • 140 g de beurre + 20 g pour le moule • 1 sachet de levure • 2 bananes • 75 g de cerneaux de noix • extrait de vanille • sel

Réalisation

Préchauffez le four th. 6 (180°). Beurrez le moule. Pelez les bananes, écrasez-les à la fourchette, ajoutez l'extrait de vanille. Concassez grossièrement les noix. Fouettez le sucre avec le beurre jusqu'à ce que le mélange blanchisse, ajoutez la farine, la levure, une pincée de sel et les œufs battus. Incorporez la purée de bananes et les noix concassées.

Versez la préparation dans le moule et faites cuire pendant 45 minutes environ. Vérifiez lae cuisson en plongeant dans le cake la lame d'un couteau qui doit ressortir sèche. Laissez en attente 5 minutes avant de démouler. Servez à température ambiante.

CAKE AUX BANANES ET AUX RAISINS

4 à 6 pers. Préparation : 15 min Cuisson : 45 min

• 200 g de farine • 140 g de sucre • 140 g de beurre + 20 g pour le moule • 3 œufs • 1 sachet de levure • 4 bananes • 150 g de raisins de Corinthe • 2 cuil. à soupe de rhum brun • sel

Réalisation

Sortez le beurre à l'avance du réfrigérateur. Préchauffez le four th. 6 (180°). Beurrez le moule. Faites tremper les raisins dans le rhum.
Fouettez le sucre avec le beurre jusqu'à ce que le mélange blanchisse, puis ajoutez les œufs battus, la farine, la levure, une pincée de sel. Incorporez enfin les raisins avec le rhum. Coupez les bananes dans la pâte, mélangez bien.
Versez la pâte dans le moule, enfournez et laissez cuire 45 minutes environ. Vérifiez la cuisson avec la lame d'un couteau, laissez en attente 5 minutes avant de démouler.

Notre conseil : ne coupez pas les bananes en rondelles à l'avance, elles noirciraient.

CAKE AUX CERISES ET AU KIRSCH

4 à 6 pers. Préparation : 10 min Cuisson : 45 min

- 200 g de farine • 3 œufs • 140 g de sucre • 140 g de beurre + 20 g pour le moule • 1 sachet de levure • 200 g de cerises confites • 2 cuil. à soupe de kirsch • sel

Réalisation

Sortez le beurre à l'avance du réfrigérateur.
Préchauffez le four th. 6 (180°). Beurrez le moule. Fouettez le sucre avec le beurre pour obtenir un mélange mousseux. Incorporez la farine, la levure, une pincée de sel et les œufs battus. Farinez les cerises et ajoutez-les à la préparation.
Versez la pâte dans le moule et faites cuire pendant environ 45 minutes. Vérifiez la cuisson en plongeant la lame d'un couteau au centre du cake ; elle doit ressortir sèche. Laissez reposer 5 minutes avant de démouler. Arrosez le dessus du cake avec le kirsch. Laissez refroidir avant de déguster.

CAKE AUX CLÉMENTINES CONFITES

4 à 6 pers.   Préparation : 15 min Cuisson : 45 min

• 200 g de farine • 140 g de sucre • 140 g de beurre + 20 g pour le moule • 3 œufs • 1 sachet de levure • 6 clémentines confites (recette page 141) • sel

Réalisation

Coupez les clémentines confites en petits morceaux, farinez-les.

Préchauffez le four th. 6 (180°). Beurrez le moule. Fouettez le sucre avec le beurre jusqu'à ce que le mélange blanchisse.

Ajoutez la farine, la levure, une pincée de sel, les œufs battus. Mélangez bien, puis incorporez les morceaux de clémentines confites.

Versez la préparation dans le moule et faites cuire environ 45 minutes. Vérifiez la cuisson du cake avec la lame d'un couteau. Laissez reposer quelques minutes avant de démouler. Servez à température ambiante.

CAKE AUX DATTES ET AU GINGEMBRE CONFIT

4 à 6 pers.   Préparation : 15 min Cuisson : 45 min

• 200 g de farine • 100 g de sucre • 140 g de beurre + 20 g pour le moule • 2 dl de lait • 3 œufs • 1 sachet de levure • 2 sachets de sucre vanillé • 120 g de dattes • 50 g de gingembre confit • sel

Réalisation

Sortez le beurre à l'avance du réfrigérateur.
Préchauffez le four th. 6 (180°). Beurrez le moule à cake.
Coupez les dattes et le gingembre confit en petits dés, farinez-les.
Battez le beurre et le sucre pour obtenir une pâte blanche et mousseuse. Ajoutez les œufs battus, le lait, la farine, la levure, le sucre vanillé, une pincée de sel. Mélangez bien. Incorporez les dés de dattes et de gingembre.
Versez la pâte dans le moule, enfournez et laissez cuire 45 minutes environ. Vérifiez la cuisson du cake en plantant la lame d'un couteau dans la pâte ; elle doit ressortir sèche. Laissez en attente quelques minutes avant de démouler. Servez à température ambiante.

CAKE AUX ÉPICES

4 à 6 pers. Préparation : 15 min Cuisson : 50 min

• 200 g de farine • 100 g de sucre • 100 g de miel liquide • 1 sachet de levure • 1 orange non traitée • 1 cuil. à soupe de cannelle • 1 cuil. à soupe d'anis vert • 1 cuil. à soupe de gingembre • 20 g de beurre • sel

Réalisation

Versez dans une casserole 1/4 de litre d'eau, ajoutez le sucre et portez à ébullition, puis versez le miel. Réservez.

Prélevez le zeste de l'orange avec un couteau économe, râpez-le.

Préchauffez le four th. 6 (180°). Beurrez le moule. Versez la farine tamisée dans un saladier, ajoutez la levure, le zeste, les épices et le sel. Mélangez, faites un puits et incorporez peu à peu le sirop de sucre.

Versez dans le moule et faites cuire pendant 45 minutes. Vérifiez que le cake est cuit en plantant la lame d'un couteau au centre du cake. Laissez en attente pendant 5 minutes, puis démoulez et laissez refroidir avant de déguster.

CAKE AUX FIGUES, À L'ANIS ET AU MIEL

4 à 6 pers. Préparation : 20 min Cuisson : 55 min

• 200 g de farine • 120 g de sucre • 140 g de beurre + 20 g pour le moule • 3 œufs • 1 sachet de levure • 6 figues fraîches • 4 cuil. à soupe de miel liquide • 2 cuil. à café de graines d'anis vert • sel

Réalisation

Lavez les figues, essuyez-les, coupez-les en morceaux. Faites-les dorer à la poêle dans 50 g de beurre. Retirez-les et farinez-les. Préchauffez le four th. 6 (180°). Beurrez le moule. Fouettez le sucre avec le reste de beurre jusqu'à ce que le mélange blanchisse et devienne mousseux. Ajoutez la farine, la levure, une pincée de sel, les œufs battus, le miel et l'anis. Mélangez bien pour obtenir une pâte homogène. Incorporez délicatement les morceaux de figues. Versez la préparation dans le moule et faites cuire environ 45 minutes. Vérifiez la cuisson en plantant la lame d'un couteau dans le cake ; elle doit ressortir sèche. Laissez reposer 5 minutes avant de démouler. Laissez refroidir.

Notre conseil : accompagnez ce cake d'un coulis de groseilles (recette page 142).

CAKE AUX FIGUES ET AUX NOIX

4 à 6 pers. Préparation : 10 min Cuisson : 45 min

• 200 g de farine • 140 g de beurre + 20 g pour le moule • 100 g de sucre • 3 œufs • 1 sachet de levure • 2 yaourts nature • 100 g de figues sèches • 100 g de cerneaux de noix • sel

Réalisation :

Sortez le beurre à l'avance du réfrigérateur. Préchauffez le four th. 6 (180°). Beurrez le moule. Coupez les figues et les cerneaux de noix en petits morceaux, farinez-les. Mélangez la farine, la levure et les œufs battus avec le sucre et une pincée de sel. Coupez les figues et les cerneaux de noix en petits morceaux, farinez-les. Ajoutez le beurre ramolli, les yaourts, les figues et les noix. Versez la préparation dans le moule, saupoudrez le dessus avec le reste des pignons et faites cuire pendant 45 minutes. Vérifiez le degré de cuisson en plongeant la lame d'un couteau au cœur du cake ; elle doit ressortir sèche. Laissez reposer 5 minutes avant de démouler. Servez tiède.

Notre conseil : accompagnez ce cake d'une salade de mesclun et de fromage de chèvre.

CAKE AUX FIGUES ET AUX POMMES

4 à 6 pers. Préparation : 20 min Cuisson : 55 min

- 200 g de farine • 140 g de sucre • 200 g de beurre + 20 g pour le moule • 3 œufs • 1 sachet de levure • 3 pommes (reinettes ou pink lady) • 4 figues fraîches • 1 citron non traité • sel

Réalisation :

Lavez et essuyez les figues, coupez-les en morceaux. Épluchez les pommes, coupez-les en gros dés. Faites revenir ces fruits à la poêle dans 50 g de beurre, laissez refroidir puis farinez-les. Prélevez le zeste du citron avec un couteau économe et râpez-le.

Préchauffez le four th. 6 (180°). Beurrez le moule. Fouettez le sucre avec le reste de beurre jusqu'à ce que le mélange blanchisse. Ajoutez la farine, la levure, une pincée de sel, les œufs battus. Mélangez bien puis incorporez les zestes de citron et les morceaux de fruits.

Versez la préparation dans le moule et faites cuire environ 45 minutes.

Vérifiez la cuisson, laissez reposer quelques minutes avant de démouler, puis laissez refroidir. Servez tiède ou à température ambiante.

Notre conseil : vous pouvez accompagner ce cake d'un coulis de fruits (recette page 142) ou d'un sirop d'oranges (recette page 147).

CAKE AUX FRAISES ET À LA FLEUR D'ORANGER

4 à 6 pers. Préparation : 15 min Cuisson : 45 min

• 200 g de farine • 100 g de cassonade • 140 g de beurre + 20 g pour le moule • 3 œufs • 1 sachet de levure • 3 dl de lait • 50 g d'amandes en poudre • 200 g de fraises • eau de fleur d'oranger • sel

Réalisation

Lavez les fraises, égouttez-les bien, puis équeutez-les. Préchauffez le four th. 6 (180°). Beurrez un moule à cake. Mélangez dans un saladier la farine, la cassonade, la poudre d'amandes, une pincée de sel et la levure. Ajoutez le lait et les œufs battus ainsi que l'eau de fleur d'oranger. Faites fondre le beurre, incorporez-le au mélange.

Versez la moitié de la préparation dans le moule, répartissez les fraises, puis recouvrez avec le reste de pâte. Faites cuire environ 45 minutes. Laissez refroidir 5 minutes avant de démouler. Servez tiède.

CAKE AUX FRAMBOISES

4 à 6 pers. Préparation : 15 min Cuisson : 45 min

- 150 g de farine • 140 g de sucre • 140 g de beurre + 20 g pour le moule • 50 g d'amandes en poudre • 3 œufs • 1 sachet de levure • 200 g de framboises • 4 cuil. à soupe d'amandes effilées • sel

Réalisation

Sortez le beurre à l'avance du réfrigérateur. Préchauffez le four th. 6 (180°). Beurrez le moule. Fouettez le sucre et le beurre jusqu'à ce que le mélange blanchisse. Ajoutez la farine, la levure, la poudre d'amandes, une pincée de sel et les œufs battus. Mélangez bien pour obtenir une pâte homogène. Incorporez avec précaution les framboises.

Versez la pâte dans le moule, saupoudrez d'amandes effilées et faites cuire environ 45 minutes. Vérifiez la cuisson, laissez reposer 5 minutes puis démoulez. Laissez refroidir.

CAKE AUX FRUITS CONFITS

4 à 6 pers. Préparation : 10 min Cuisson : 45 min

• 200 g de farine • 140 g de sucre • 140 g de beurre + 20 g pour le moule • 3 œufs • 1 sachet de levure • 1 sachet de thé • 50 g de raisins de Corinthe • 100 g de fruits confits (oranges, cerises, angélique...) • sel

Réalisation

Sortez le beurre à l'avance du réfrigérateur. Préchauffez le four th. 6 (180°). Beurrez un moule à cake. Préparez un thé fort dans un bol et mettez les raisins à gonfler. Fouettez dans une terrine le sucre et le beurre jusqu'à ce que le mélange soit homogène. Ajoutez les œufs, puis la farine, une pincée de sel et la levure en mélangeant bien entre chaque ingrédient. Égouttez les raisins, enrobez-les de farine pour qu'ils ne tombent pas au fond de la pâte à la cuisson. Mettez-les dans la pâte, ajoutez les fruits confits. Versez la pâte dans le moule et faites cuire pendant 45 minutes.

Vérifiez en cours de cuisson que le cake ne se colore pas trop vite. Si c'est le cas, recouvrez-le d'une feuille de papier d'aluminium ménager. Démoulez et laissez refroidir avant de servir.

CAKE AUX FRUITS ROUGES

4 à 6 pers. — Préparation : 10 min Cuisson : 45 min

- 200 g de farine • 140 g de sucre • 140 g de beurre + 20 g pour le moule • 3 œufs • 1 sachet de levure • 1 dl de lait • 300 g de fruits rouges (fraises, framboises...) • sel

Réalisation

Lavez les fruits, épongez-les soigneusement sans les écraser.

Préchauffez le four th. 6 (180°). Beurrez le moule. Fouettez le sucre et le beurre jusqu'à ce que le mélange blanchisse, ajoutez les œufs battus, le lait, la farine, la levure, une pincée de sel et enfin les fruits.

Versez dans le moule et faites cuire 45 minutes. Vérifiez la cuisson, laissez reposer 5 minutes avant de démouler. Servez froid.

CAKE AUX MARRONS ET À L'ORANGE

4 à 6 pers. Préparation : 20 min Cuisson : 45 min

• 200 g de farine • 140 g de sucre • 140 g de beurre + 20 g pour le moule • 3 œufs • 1 sachet de levure • 6 cuil. à soupe de crème de marrons • 1 orange non traitée • sel

Réalisation

Sortez le beurre à l'avance du réfrigérateur.
Prélevez le zeste de l'orange avec un couteau économe, râpez-le. Pressez le fruit.
Préchauffez le four th. 6 (180°). Beurrez le moule. Fouettez le sucre avec le beurre jusqu'à ce que le mélange mousse, ajoutez la farine, la levure, une pincée de sel et les œufs battus. Mélangez bien pour obtenir une pâte homogène. Ajoutez ensuite le zeste et le jus de l'orange et la crème de marrons. Versez la préparation dans le moule et faites cuire environ 45 minutes. Vérifiez la cuisson puis laissez reposer quelques minutes avant de démouler. Servez à température ambiante.

Notre conseil : vous pouvez décorer ce cake de brisures de marrons glacés ou de zestes d'oranges confits (recette page 148).

CAKE AUX MIRABELLES ET AUX RAISINS BLONDS

4 à 6 pers. **Préparation : 15 min Cuisson : 50 min**

• 200 g de farine • 140 g de sucre • 140 g de beurre + 20 g pour le moule • 3 œufs • 1 sachet de levure • 200 g de mirabelles • 50 g de raisins blonds • 1 cuil. à soupe d'alcool de mirabelles • sel

Réalisation

Dénoyautez les mirabelles, coupez-les en deux. Mettez les raisins dans un bol, arrosez-les d'alcool et laissez gonfler quelques min minutes.
Préchauffez le four th. 6 (180°). Beurrez le moule. Fouettez le sucre avec le beurre pour obtenir un mélange mousseux, puis ajoutez la farine, la levure, une pincée de sel et les œufs battus. Mélangez bien pour obtenir une pâte homogène. Incorporez les mirabelles et les raisins avec leur jus de macération.
Versez la préparation dans le moule et faites cuire environ 45 minutes. Vérifiez la cuisson, laissez reposer quelques minutes avant de démouler. Servez tiède ou froid.

CAKE AUX MYRTILLES

4 à 6 pers. **Préparation : 10 min Cuisson : 45 min**

• 200 g de farine • 150 g de sucre • 150 g de beurre + 20 g pour le moule • 3 œufs • 1 sachet de levure • 200 g de myrtilles • sel

Réalisation

Préchauffez le four th. 6 (180°). Beurrez le moule. Fouettez le sucre avec le beurre jusqu'à ce que le mélange blanchisse.

Ajoutez la farine, la levure, une pincée de sel et les œufs battus. Incorporez délicatement les myrtilles.

Versez la préparation dans le moule et faites cuire environ 45 minutes.

Vérifiez la cuisson du cake avec la lame d'un couteau et laissez reposer 5 minutes.

Démoulez et laissez refroidir.

Notre conseil : vous pouvez remplacer les myrtilles par des mûres ou du cassis.

CAKE AUX NOISETTES ET AU CARAMEL

4 à 6 pers. Préparation : 15 min Cuisson : 50 min

• 200 g de farine • 240 g de sucre • 140 g de beurre + 20 g pour le moule • 3 œufs • 1 sachet de levure • 200 g de noisettes entières • sel

Réalisation

Préchauffez le four th. 6 (180°). Beurrez le moule.
Fouettez 140 g de sucre avec le beurre pour obtenir un mélange mousseux, puis ajoutez la farine, la levure, une pincée de sel et les œufs battus. Mélangez bien pour obtenir une pâte homogène.

Incorporez les noisettes entières.

Versez 100 g de sucre dans une casserole à fond épais, arrosez avec 10 dl d'eau, portez à ébullition. Retirez su feu quand le caramel devient brun et versez-le immédiatement dans la pâte.

Versez la préparation dans le moule et faites cuire environ 45 minutes.

Vérifiez la cuisson, laissez reposer quelques minutes avant de démouler. Servez tiède ou froid.

CAKE AUX NOISETTES ET AU MIEL

4 à 6 pers. Préparation : 15 min Cuisson : 45 min

• 100 g de farine • 100 g de sucre • 150 g de beurre + 20 g pour le moule • 3 œufs • 1 sachet de levure • 100 g de noisettes hachées • 50 g de miel • sel

Réalisation

Sortez le beurre à l'avance du réfrigérateur.
Préchauffez le four th.6 (180°). Beurrez le moule.
Cassez les œufs en séparant les blancs des jaunes.
Battez les blancs en neige ferme avec une pincée de sel.
Fouettez le beurre avec le sucre, ajoutez les jaunes d'œufs, la farine, la levure, puis le miel et les noisettes hachées. Mélangez bien pour obtenir une pâte homogène. Incorporez délicatement les blancs d'œufs.
Versez la pâte dans le moule et faites cuire environ 45 minutes.
Vérifiez la cuisson, et attendez quelques minutes avant de démouler le cake. Laissez refroidir avant de déguster.

CAKE AUX NOIX

4 à 6 pers. **Préparation : 15 min Cuisson : 50 min**

• 200 g de farine • 150 g de sucre • 3 œufs • 1,5 dl de lait • 1 sachet de levure • 175 g de cerneaux de noix • 20 g de beurre • sel,

Réalisation

Préchauffez le four th. 6 (180°). Beurrez le moule. Mélangez dans une terrine la farine, la levure, le sucre, une pincée de sel et les œufs battus.
Ajoutez le lait et les cerneaux de noix grossièrement concassés. Mélangez bien.
Versez la préparation dans le moule et faites cuire pendant 50 minutes environ. Vérifiez la cuisson. La lame d'un couteau plongée au cœur du cake doit ressortir sèche. Laissez reposer 5 minutes puis démoulez. Laissez refroidir.

Notre conseil : vous pouvez conserver ce cake plusieurs jours, enveloppé d'une feuille d'aluminium ménager.

CAKE AUX NOIX DE PÉCAN

4 à 6 pers. Préparation : 15 min Cuisson : 45 min

• 200 g de farine • 100 g de sucre • 140 g de beurre + 20 g pour le moule • 3 œufs • 1 sachet de levure • 150 g de noix de pécan • 4 cuil. à soupe de sirop d'érable • sel

Réalisation

Sortez le beurre à l'avance du réfrigérateur. Préchauffez le four th. 6 (180°). Beurrez le moule. Concassez grossièrement les noix de pécan. Fouettez le sucre avec le beurre jusqu'à ce que le mélange blanchisse. Ajoutez la farine, la levure, une pincée de sel, les œufs battus, le sirop d'érable. Mélangez bien puis incorporez les noix de pécan. Versez la préparation dans le moule et faites cuire environ 45 minutes. Vérifiez la cuisson avec la lame d'un couteau, puis laissez reposer 5 minutes avant de démouler. Laissez refroidir.

Notre conseil : accompagnez ce cake de fruits frais de saison.

CAKE AUX NOIX ET AU GINGEMBRE

4 à 6 pers. Préparation : 15 min Cuisson : 45 min

- 150 g de farine • 140 g de sucre • 140 g de beurre + 20 g pour le moule • 3 œufs • 1 sachet de levure • 100 g de noix hachées • 5 cm de gingembre frais râpé • sel

Réalisation

Sortez le beurre du réfrigérateur à l'avance.
Préchauffez le four th. 6 (180°). Beurrez le moule. Battez le sucre avec le beurre jusqu'à ce que le mélange blanchisse.
Ajoutez les noix, le gingembre et les œufs battus. Incorporez ensuite la levure et la farine ainsi qu'une pincée de sel. Mélangez bien. Versez dans le moule et faites cuire pendant 45 minutes. Vérifiez la cuisson, puis laissez en attente 5 minutes avant de démouler. Servez à température ambiante.

Notre conseil : servez ce cake au petit-déjeuner ou au thé avec de la marmelade d'oranges.

CAKE AUX NOIX ET AU MIEL

4 à 6 pers. Préparation : 15 min Cuisson : 45 min

• 200 g de farine • 100 g de sucre • 140 g de beurre + 20 g pour le moule • 3 œufs • 1 sachet de levure • 3 cuil. à soupe de miel liquide • 150 g de cerneaux de noix • sel

Réalisation

Sortez le beurre du réfrigérateur à l'avance. Concassez grossièrement les cerneaux de noix. Préchauffez le four th. 6 (180°). Beurrez le moule. Fouettez le sucre avec le beurre jusqu'à ce que le mélange mousse, puis ajoutez la farine, la levure, une pincée de sel, les œufs battus, le miel.
Mélangez pour obtenir une pâte homogène et incorporez les noix.
Versez la préparation dans le moule et faites cuire environ 45 minutes. Vérifiez la cuisson, puis laissez en attente quelques minutes. Démoulez et laissez refroidir. Servez à température ambiante.

Notre conseil : arrosez ce cake encore chaud de Cointreau.

CAKE AUX PÉPITES DE CHOCOLAT

4 à 6 pers. **Préparation : 10 min Cuisson : 50 min**

- 200 g de farine • 125 g de sucre • 140 g de beurre ramolli + 20 g pour le moule • 3 œufs • 1 sachet de levure chimique • 150 g de pépites de chocolat • sel

Réalisation

Sortez le beurre du réfrigérateur à l'avance. Préchauffez le four th. 6 (180°). Beurrez le moule. Battez les œufs en omelette dans un saladier., Mélangez dans une terrine le sucre avec le beurre ramolli, ajoutez la farine, une pincée de sel, et la levure, puis les œufs battus et enfin les pépites de chocolat.

Versez la préparation dans le moule, faites cuire 45 minutes environ. Vérifiez la cuisson : une lame de couteau plongée au centre du cake doit ressortir sèche. Laissez reposer 5 minutes, puis démoulez. Laissez refroidir avant de servir.

CAKE AUX POIRES ET AU CHOCOLAT

4 à 6 pers. Préparation : 15 min Cuisson : 45 min

• 200 g de farine • 140 g de sucre • 140 g de beurre + 20 g pour le moule • 3 œufs • 1 sachet de levure • 3 poires • 150 g de pépites de chocolat • sel

Réalisation

Sortez le beurre à l'avance du réfrigérateur. Préchauffez le four th. 6 (180°). Beurrez le moule. Épluchez les poires. Coupez-les en quartiers. Préparez un sirop avec 50 g de sucre et 1 dl d'eau. Faites pocher les poires pendant 10 minutes, égouttez-les puis coupez-les en dés. Fouettez dans une terrine le sucre avec le beurre. Ajoutez les œufs battus, puis la farine, une pincée de sel et la levure. Mélangez bien, puis incorporez les pépites de chocolat et les dés de poires. Versez la pâte dans le moule et faites cuire 45 minutes environ. Vérifiez la cuisson avec la lame d'un couteau, puis laissez reposer 5 minutes avant de démouler. Laissez refroidir.

CAKE AUX POIRES ET AU GINGEMBRE CONFIT

4 à 6 pers. Préparation : 20 min Cuisson : 55 min

• 200 g de farine • 140 g de sucre • 14 g de beurre + 20 g pour le moule • 3 œufs • 1 sachet de levure • 3 poires • 100 g de gingembre confit • sel

Réalisation

Épluchez les poires. Faites dissoudre 50 g de sucre dans 1 dl d'eau chaude, portez à ébullition et faites pocher les poires 10 minutes dans ce sirop.
Égouttez-les et coupez-les en dés. Coupez le gingembre en dés également.
Préchauffez le four th. 6 (180°). Beurrez le moule. Fouettez le sucre avec le beurre pour obtenir un mélange mousseux. Ajoutez la farine, la levure, une pincée de sel et les œufs battus. Mélangez bien, puis incorporez les dés de poires et de gingembre.
Versez la préparation dans le moule et faites cuire environ 45 minutes. Vérifiez la cuisson puis laissez en attente 5 minutes avant de démouler. Servez à température ambiante.

CAKE AUX POMMES ET À LA CANNELLE

4 à 6 pers. Préparation : 15 min Cuisson : 45 min

• 200 g de farine • 140 g de sucre • 140 g de beurre + 20 g pour le moule • 3 œufs • 1 sachet de levure • 2 ou 3 pommes • 4 pincées de cannelle en poudre • sel

Réalisation

Sortez le beurre à l'avance du réfrigérateur.
Préchauffez le four th. 6 (180°). Beurrez le moule.
Fouettez le beurre et le sucre jusqu'à ce que le mélange blanchisse.
Ajoutez les œufs battus, la farine, la levure, la cannelle et une pincée de sel. Mélangez bien.
Épluchez les pommes, râpez-les, incorporez-les à la pâte.
Versez dans le moule et faites cuire environ 45 minutes. Vérifiez la cuisson, laissez reposer 5 minutes avant de démouler. Servez tiède.

Notre conseil : vous pouvez arroser ce cake encore chaud avec un peu de calvados.

CAKE AUX POMMES ET AUX ABRICOTS

4 à 6 pers.   Préparation : 20 min Cuisson : 55 min

- 200 g de farine • 140 g de sucre • 180 g de beurre + 20 g pour le moule • 3 œufs • 1 sachet de levure • 3 pommes • 6 abricots • 2 pincées de cannelle • sel

Réalisation

EpluchÉpluchez les pommes, coupez la chair en dés. Coupez en dés également les abricots. Faites revenir ces fruits dans 50 g de beurre, puis farinez-les légèrement.

Préchauffez le four th. 6 (180°). Beurrez le moule. Fouettez le sucre avec le reste de beurre jusqu'à ce que le mélange blanchisse. Ajoutez la farine, la levure, une pincée de sel, la cannelle, les œufs battus, mélangez bien pour obtenir une pâte homogène puis incorporez les dés de fruits.

Versez la préparation dans le moule et faites cuire environ 45 minutes. Vérifiez la cuisson avec la lame d'un couteau puis laissez reposer quelques minutes avant de démouler. Servez tiède.

CAKE AUX POMMES ET AUX NOIX

4 à 6 pers. Préparation : 20 min Cuisson : 45 min

• 200 g de farine • 140 g de sucre • 140 g de beurre + 20 g pour le moule • 3 œufs • 1 sachet de levure • 3 pommes • 150 g de cerneaux de noix • 1/2 citron • sel

Réalisation

Épluchez les pommes, râpez les, citronnez-les. Concassez grossièrement les noix.
Préchauffez le four th. 6 (180°). Beurrez le moule. Fouettez le sucre avec le beurre jusqu'à ce que le mélange blanchisse. Ajoutez la farine, la levure, une pincée de sel et les œufs battus. Mélangez pour obtenir une pâte homogène. Incorporez les noix et les pommes râpées.
Versez la préparation dans le moule et faites cuire environ 45 minutes. Vérifiez la cuisson avec la lame d'un couteau, laissez reposer 5 minutes puis démoulez. Servez tiède ou à température ambiante.

CAKE AUX PRUNEAUX ET AUX ABRICOTS SECS

4 à 6 pers. Préparation : 15 min Cuisson : 45 min

• 200 g de farine • 140 g de sucre • 140 g de beurre + 20 g pour le moule • 3 œufs • 1 sachet de levure • 8 pruneaux secs • 8 abricots secs • sel

Réalisation

Coupez les abricots et les pruneaux en petits morceaux, farinez-les.

Préchauffez le four th. 6 (180°). Beurrez le moule. Fouettez le sucre avec le beurre jusqu'à ce que le mélange blanchisse.

Ajoutez la farine, la levure, une pincée de sel et les œufs battus. Mélangez pour obtenir une pâte homogène. Incorporez les morceaux de fruits secs.

Versez la préparation dans le moule et faites cuire environ 45 minutes. Vérifiez la cuisson en plongeant la lame d'un couteau dans la pâte ; elle doit ressortir sèche. Laissez reposer 5 minutes puis démoulez. Servez à température ambiante.

CAKE AUX PRUNES

4 à 6 pers. Préparation : 15 min Cuisson : 50 min

• 200 g de farine • 150 g de sucre • 150 g de beurre + 20 g pour le moule • 3 œufs • 1 sachet de levure • 200 g de prunes • 1 cuil. à soupe d'alcool de prunes • sel

Réalisation

Dénoyautez les prunes, coupez-les en petits morceaux et faites-les dorer dans une poêle avec une noisette de beurre. Arrosez-les d'alcool et laissez-les refroidir.

Préchauffez le four th. 6 (180°). Beurrez le moule. Fouettez le sucre avec le beurre pour obtenir un mélange mousseux, puis ajoutez la farine, la levure, une pincée de sel et les œufs battus. Mélangez bien. Égouttez les morceaux de prunes en réservant le jus de macération, farinez-les. Incorporez à la pâte les morceaux de prunes et leur jus.

Versez la préparation dans le moule et faites cuire environ 45 minutes. Vérifiez la cuisson, laissez reposer quelques minutes avant de démouler. Servez tiède ou froid.

CAKE AUX RAISINS SECS ET AUX PIGNONS

4 à 6 pers. **Préparation : 10 min Cuisson : 40 min**

• 200 g de farine • 120 g de sucre • 3 œufs • 1 sachet de levure • 0,5 dl d'huile • 120 g de sucre • 2 yaourts nature • 100 g de raisins secs • 75 g de pignons • 20 g de beurre • sel

Réalisation

Préchauffez le four th. 6 (180°). Beurrez le moule. Farinez les raisins secs pour qu'ils ne tombent pas au fond du moule en cours de cuisson.
Mélangez dans une terrine la farine, la levure et les œufs battus avec le sucre et une pincée de sel. Ajoutez l'huile, les yaourts, les raisins et la moitié des pignons.
Versez la préparation dans le moule, saupoudrez le dessus avec le reste des pignons et faites cuire pendant 40 minutes environ.
Laissez reposer 5 minutes avant de démouler. Servez tiède.

Notre conseil : accompagnez de fromage blanc, de fromage de chèvre sec, ou de miel.

CAKE AUX RAISINS SECS ET AUX POMMES

4 à 6 pers.   **Préparation : 15 min Cuisson : 45 min**

• 200 g de farine • 140 g de sucre • 140 g de beurre + 20 g pour le moule • 3 œufs • 1 sachet de levure • 2 ou 3 pommes • 50 g de raisins secs • 0,2 dl de calvados • 4 pincées de cannelle en poudre • sel

Réalisation

Sortez le beurre à l'avance du réfrigérateur.
Préchauffez le four th. 6 (180°). Beurrez le moule.
Mettez les raisins secs dans un bol, arrosez-les de calvados.
Fouettez le beurre et le sucre jusqu'à ce que le mélange blanchisse. Ajoutez les œufs battus, la farine, la levure, la cannelle et une pincée de sel. Mélangez bien.
Épluchez les pommes, coupez-les en petits dés, farinez-les, incorporez-les à la pâte. Égouttez les raisins, enrobez-les de farine, ajoutez-les à la pâte ainsi que le calvados. Versez dans le moule et faites cuire environ 45 minutes. Vérifiez la cuisson, laissez reposer 5 minutes avant de démouler. Servez tiède.

CAKE AUX ZESTES D'AGRUMES

4 à 6 pers. **Préparation : 10 min Cuisson : 45 min**

• 200 g de farine • 140 g de sucre • 140 g de beurre + 20 g pour le moule • 3 œufs • 1 dl de lait • 1 sachet de levure • 150 g de zestes de citron, d'orange, de pamplemousse confits (recette page 148) • sel

Réalisation

Sortez le beurre du réfrigérateur à l'avance.
Préchauffez le four th. 6 (180°). Beurrez le moule.
Coupez les zestes d'agrumes en tronçons, farinez-les.
Battez le sucre avec le beurre pour obtenir un mélange mousseux. Incorporez les œufs battus, le lait, la farine, la levure, une pincée de sel, puis les zestes d'agrumes.
Versez la préparation dans le moule et faites cuire 45 minutes. Vérifiez la cuisson, puis laissez en attente 5 minute avant de démouler. Servez à température ambiante.

Notre conseil : vous pouvez corser ce cake en ajoutant à la pâte 2 cuillerées de Grand-Marnier.

CAKE AUX ZESTES DE CITRON ET AU GINGEMBRE CONFIT

4 à 6 pers. **Préparation : 15 min Cuisson : 40 min**

• 200 g de farine • 140 g de sucre • 1 sachet de levure chimique • 3 œufs • 140 g de beurre + 20 g pour le moule • 1 citron non traité • 100 g de gingembre confit • sel

Réalisation

Sortez le beurre du réfrigérateur à l'avance.
Préchauffez le four th. 6 (180°). Beurrez le moule.
Prélevez le zeste du citron avec un couteau économe et râpez-le. Coupez le gingembre confit en petits morceaux, farinez-les.
Fouettez le sucre et le beurre dans un saladier, ajoutez la farine, la levure, une pincée de sel, les œufs battus, puis ajoutez le zeste de citron râpé et les morceaux de gingembre confit.
Versez la préparation dans le moule, faites cuire environ 45 minutes.
Vérifiez la cuisson : une lame de couteau plongée au centre du cake doit ressortir sèche.
Laissez reposer 5 minutes, puis démoulez. Laissez refroidir avant de servir.

CAKE AUX ZESTES D'ORANGES ET AUX PRUNEAUX

4 à 6 pers. **Préparation : 15 min Cuisson : 45 min**

- 200 g de farine • 140 g de sucre • 140 g de beurre + 20 g pour le moule • 3 œufs • 1 sachet de levure • 8 pruneaux • 100 g de zestes d'oranges confits (recette page 148) • sel

Réalisation

Sortez le beurre à l'avance du réfrigérateur. Coupez les pruneaux et les zestes en petits morceaux. Farinez-les.

Fouettez le sucre avec le beurre jusqu'à ce que le mélange mousse puis incorporez la farine, la levure, une pincée de sel et les œufs battus. Mélangez bien pour obtenir une pâte homogène puis ajoutez les zestes d'orange et les pruneaux. Versez la pâte dans le moule et faites cuire environ 45 minutes. Vérifiez la cuisson puis laissez reposer 5 minutes avant de démouler. Servez tiède ou froid.

CAKE CROQUANT AUX MENDIANTS

4 à 6 pers. Préparation : 20 min Cuisson : 45 min

• 200 g de farine • 100 g de cassonade • 3 œufs • 150 g de beurre + 20 g pour le moule • 1 sachet de levure • 1 dl de lait • 100 g de cassonade • 100 g de miel liquide • 50 g de pistaches non salées • 50 g de cerneaux de noix • 50 g de noisettes • 50 g d'amandes • 1 citron non traité • 4 pincées de cannelle • 2 pincées de noix de muscade • sel

Réalisation

Sortez le beurre à l'avance du réfrigérateur.
Préchauffez le four th. 6 (180°). Beurrez le moule.
Prélevez le zeste du citron, râpez-le. Concassez grossièrement les amandes, les noix, les noisettes, les pistaches.
Mélangez dans une terrine le beurre et la cassonade jusqu'à ce que le mélange devienne crémeux. Incorporez les œufs battus, le lait, le miel, puis la farine et la levure, une pincée de sel, un peu de muscade, la cannelle et enfin les fruits secs concassés et le zeste de citron. Mélangez bien.
Versez la préparation dans le moule et faites cuire pendant 45 minutes environ.
Vérifiez la cuisson avec la lame d'un couteau

CAKES SUCRÉS

plongée au cœur du gâteau. Elle doit ressortir sèche.
Laissez reposer 5 minutes avant de démouler. Servez froid.

CAKE GLACÉ

4 à 6 pers. Préparation : 20 min Cuisson : 50 min

• 200 g de farine • 3 œufs • 150 g de sucre • 200 g de beurre + 20 g pour le moule • 1 citron non traité • 1 sachet de levure • 1 pot de marmelade d'abricots • 300 g de sucre glace • 2 cuil. à soupe de rhum • sel

Réalisation

Sortez le beurre à l'avance du réfrigérateur.
Prélevez le zeste du citron avec un couteau économe et râpez-le.
Préchauffez le four th. 6 (180°). Beurrez le moule.
Mélangez dans une terrine les œufs battus avec le sucre jusqu'à ce que le mélange blanchisse. Incorporez la farine, la levure, une pincée de sel. Faites fondre le beurre, ajoutez-le à la préparation ainsi que le zreste râpé. Versez dans le moule et

faites cuire pendant 45 minutes environ.

Vérifiez la cuisson avec la lame d'un couteau qui doit ressortir sèche. Laissez en attente 5 minutes, puis démoulez le cake.

Faites tiédir la marmelade. Enduisez le cake sur toutes ses faces, renouvelez l'opération plusieurs fois.

Préparez le glaçage : faites fondre à feu doux le sucre glace dans 1 dl d'eau aromatisée de rhum. Retirez avant l'ébullition. Passez sur le cake au pinceau en plusieurs applications en laissant sécher le glaçage. Servez à température ambiante.

CAKE MARBRÉ

4 à 6 pers. **Préparation : 20 min Cuisson : 45 min**

• 200 g de farine • 140 g de sucre • 140 g de beurre + 20 g pour le moule • 3 œufs • 1 dl de lait • 1 sachet de levure • 3 cuil. à soupe de cacao amer • extrait de vanille liquide • sel

Réalisation

Sortez le beurre à l'avance du réfrigérateur. Préchauffez le four th. 6 (180°). Beurrez le moule. Mélangez dans une terrine le sucre avec le beurre jusqu'à ce que le mélange blanchisse.
Incorporez une pincée de sel, les œufs battus, la farine et la levure. Divisez la pâte en deux parties égales. Dans la première partie, versez le cacao amer et mélangez bien. Dans la seconde, ajoutez quelques gouttes d'extrait de vanille liquide.
Versez les deux pâtes dans le moule en les alternant. Faites cuire 45 minutes. Vérifiez la cuisson en plongeant la lame d'un couteau au centre du gâteau. Elle doit ressortir sèche. Laissez reposer 5 minutes avant de démouler. Servez froid.

Notre conseil : accompagnez d'une crème anglaise si vous désirez (recette page 144).

CAKE MOELLEUX AU CITRON

4 à 6 pers. Préparation : 10 min Cuisson : 45 min

• 200 g de farine • 140 g de sucre • 140 g de beurre + 20 g pour le moule • 3 œufs • 1 sachet de levure • 2 citrons non traités • sel

Réalisation

Prélevez le zeste des citrons avec un couteau économe, râpez-le finement. Pressez les fruits. Préchauffez le four th. 6 (180°). Beurrez le moule. Mélangez dans une terrine les œufs battus, le sucre, une pincée de sel, le zeste et le jus des citrons jusqu'à ce que le mélange blanchisse. Incorporez peu à peu la farine, puis la levure et une pincée de sel.

Versez dans le moule et faites cuire 45 minutes environ. Vérifiez la cuisson avec la lame d'un couteau. Démoulez le cake après 5 minutes de repos.

Notre conseil : accompagnez ce cake d'une crème au citron (recette page 146).

CAKE RHUM VANILLE

4 à 6 pers. **Préparation : 10 min Cuisson : 45 min**

- 200 g de farine • 140 g de sucre • 3 œufs • 140 g de beurre + 20 g pour le moule • 1 sachet de levure • 0,6 dl de rhum brun • extrait de vanille • sel

Réalisation

Sortez le beurre à l'avance du réfrigérateur. Préchauffez le four th. 6 (180°). Beurrez le moule. Fouettez le sucre et le beurre, ajoutez les œufs battus, la farine et la levure, une pincée de sel, quelques gouttes d'extrait de vanille et le rhum. Mélangez bien.

Versez dans le moule, enfournez et laissez cuire 45 minutes environ. Vérifiez la cuisson, puis laissez reposer 5 minutes avant de démouler.

Notre conseil : servez tiède avec une glace à la vanille, ou une glace rhum-raisins.

CAKE SOUFFLÉ AUX MARRONS

4 à 6 pers. Préparation : 15 min Cuisson : 40 min

- 600 g de purée de marrons • 150 g de noisettes en poudre
- 6 œufs • 1 sachet de levure • 20 g de beurre • sel

Réalisation

Préchauffez le four th. 6 (180°). Beurrez le moule. Cassez les œufs en séparant les blancs des jaunes. Mélangez la purée de marrons avec les jaunes d'œufs, les noisettes en poudre, la levure, et 6 cuillerées à soupe d'eau. Battez les blancs d'œufs en neige ferme avec une pincée de sel et incorporez-les délicatement à la préparation.
Versez la pâte dans le moule et faites cuire environ 40 minutes. Vérifiez la cuisson, laissez en attente quelques minutes avant de démouler. Laissez refroidir avant de déguster.

Notre conseil : accompagnez ce cake d'une crème anglaise à la vanille (recette page 144) ou de sirop d'oranges (recette page 147).

CAKE TOUT CHOCOLAT

4 à 6 pers. **Préparation : 15 min Cuisson : 45 min**

- 200 g de farine • 140 g de sucre • 140 g de beurre + 20 g pour le moule • 3 œufs • 1 sachet de levure • 150 g de chocolat noir • sel

Réalisation

Sortez le beurre à l'avance du réfrigérateur. Préchauffez le four th. 6 (180°). Beurrez le moule. Râpez le chocolat.

Fouettez dans une terrine le beurre et le sucre jusqu'à ce que le mélange blanchisse. Ajoutez les œufs battus, la farine, la levure, une pincée de sel et le chocolat râpé. Mélangez bien pour obtenir une pâte homogène.

Versez la pâte dans le moule, faites cuire environ 45 minutes. Vérifiez la cuisson, attendez quelques minutes avant de démouler le cake. Laissez refroidir.

Notre conseil : servez ce cake froid accompagné d'une crème anglaise à la vanille (recette page 144).

CAKE AUX AMANDES ET AUX PISTACHES

4 à 6 pers. **Préparation : 15 min Cuisson : 45 min**

- 100 g de farine • 150 g d'amandes en poudre • 140 g de sucre • 140 g de beurre + 20 g pour le moule • 3 œufs • 1 sachet de levure • 200 g de pistaches nature décortiquées • 75 g d'amandes effilées • 4 cuil. à soupe de miel liquide • sel

Réalisation

Préchauffez le four th. 6 (180°). Beurrez le moule. Fouettez dans une terrine le beurre et le sucre jusqu'à ce que le mélange blanchisse.

Incorporez les œufs battus, la farine, la levure et une pincée de sel, puis les amandes en poudre. Mélangez bien. Incorporez les pistaches.

Versez la pâte dans le moule et faites cuire environ 45 minutes. Vérifiez la cuisson, puis laissez en attente 5 minutes avant de démouler.

Faites fondre le miel dans une petite casserole, ajoutez les amandes, mélangez délicatement pour les enrober de miel et versez sur le cake. Laissez refroidir et servez à température ambiante.

CAKE AUX RAISINS, À LA VANILLE ET AU RHUM

4 à 6 pers. **Préparation : 15 min Cuisson : 45 min**

- 200 g de farine • 100 g de sucre • 3 sachets de sucre vanillé • 140 g de beurre + 20 g pour le moule • 3 œufs • 1 sachet de levure • 100 g de raisins secs • 2 cl de rhum ambré • sel

Réalisation

Sortez le beurre à l'avance du réfrigérateur.
Préchauffez le four th. 6 (180°). Beurrez le moule.
Mettez les raisins secs dans un bol, arrosez-les de rhum.
Fouettez le beurre, le sucre et le sucre vanillé jusqu'à ce que le mélange blanchisse. Ajoutez les œufs battus, la farine, la levure et une pincée de sel. Mélangez bien.
Égouttez les raisins, enrobez-les de farine, ajoutez-les à la pâte avec le rhum de macération.
Versez dans le moule et faites cuire environ 45 minutes. Vérifiez la cuisson en plongeant une lame de couteau au centre du cake, laissez reposer 5 minutes avant de démouler. Servez tiède ou froid.

CAKE AUX NOIX ET AUX RAISINS SECS

4 à 6 pers.   Préparation : 15 min Cuisson : 45 min

• 200 g de farine • 140 g de sucre • 140 g de beurre + 20 g pour le moule • 3 œufs • 1 sachet de levure • 150 g de cerneaux de noix • 50 g de raisins secs • 1 sachet de thé de Chine fumé ou d'Earl Grey • sel

Réalisation

Sortez le beurre à l'avance du réfrigérateur. Préchauffez le four th. 6 (180°). Beurrez le moule. Préparez un thé fort dans un bol. Faites-y tremper les raisins secs. Concassez grossièrement les noix. Fouettez le beurre et le sucre jusqu'à ce que le mélange blanchisse. Ajoutez les œufs battus, la farine, la levure et une pincée de sel. Mélangez bien.

Egouttez les raisins, enrobez-les de farine, ajoutez-les à la pâte ainsi que les noix.

Versez dans le moule et faites cuire environ 45 minutes. Vérifiez la cuisson, laissez reposer 5 minutes avant de démouler. Servez à température ambiante.

CAKE AUX PÉPITES DE CHOCOLAT ET AUX ZESTES D'ORANGES

4 à 6 pers. Préparation : 15 min Cuisson : 45 min

- 200 g de farine • 140 g de sucre • 140 g de beurre + 20 g pour le moule • 3 œufs • 1 sachet de levure • 100 g de pépites de chocolat • 100 g de zestes d'oranges confits (recette page 148) • sel

Réalisation

Sortez le beurre à l'avance du réfrigérateur.
Coupez les zeste d'orange en petits morceaux. Farinez-les.
Fouettez le sucre avec le beurre jusqu'à ce que le mélange mousse puis incorporez la farine, la levure, une pincée de sel et les œufs battus.
Mélangez bien pour obtenir une pâte homogène puis ajoutez les zestes d'orange et les pépites de chocolat.
Versez la pâte dans le moule et faites cuire environ 45 minutes. Vérifiez la cuisson puis laissez reposer 5 minutes avant de démouler. Servez froid.

CAKE À LA BANANE ET À LA NOIX DE COCO

4 à 6 pers. Préparation : 10 min Cuisson : 45 min

• 100 g de farine • 140 g de sucre • 3 œufs • 140 g de beurre + 20 g pour le moule • 150 g de noix de coco râpée • 2 bananes • 1 cuil. à café d'extrait de vanille • sel

Réalisation

Sortez le beurre à l'avance du réfrigérateur.
Préchauffez le four th. 6 (180°). Beurrez le moule. Pelez les bananes, écrasez-les à la fourchette, ajoutez l'extrait de vanille.
Fouettez le sucre et le beurre, ajoutez les œufs battus, la farine et la levure, une pincée de sel, la purée de bananes et la noix de coco. Mélangez bien.
Versez dans le moule et faites cuire 45 minutes environ. Vérifiez la cuisson, puis laissez reposer 5 minutes avant de démouler. Laissez refroidir.

ACCOMPAGNEMENTS

•

CLÉMENTINES CONFITES

| 4 à 6 pers. | Prép. : 15 min Cuisson : 10 min Macération : 48 h |

• 6 clémentines • 200 g de sucre en poudre

Réalisation

Deux jours avant le repas, pelez à vif les clémentines : ôtez la peau et les peaux blanches, séparez les quartiers.

Versez le sucre dans une grande casserole, arrosez avec 5 dl d'eau, portez à ébullition pendant 10 minutes.

Mettez les quartiers de clémentines en les retournant délicatement pour les enrober de sirop. Laissez macérer 48 heures.

COULIS DE GROSEILLES

4 à 6 pers. Préparation : 5 min

• 200 g de groseilles • 1 cuil. à soupe de miel • 1 cuil. à soupe de jus de citron

Réalisation

Mixez les groseilles avec le miel et le jus de citron. Passez à travers un linge fin pour éliminer les graines si vous désirez un coulis onctueux.

Notre conseil : vous pouvez réaliser ce coulis avec d'autres fruits rouges ou noirs : fraises, framboises, mûres, myrtilles…

COULIS DE TOMATES AUX HERBES

4 pers. **Préparation : 5 min**

- 1 boîte de tomates au naturel • 1 bouquet de basilic ou d'estragon, de ciboulette, d'aneth… • 1 cuil. à café de sucre • sel, poivre

Réalisation

Mixez les tomates au naturel avec le sucre, les herbes, le sel, le poivre. Mettez au réfrigérateur jusqu'au moment de servir.

Notre conseil : utilisez ce coulis pour accompagner des cakes chauds ou froids. Choisissez les herbes aromatiques en fonction de la garniture du cake.

CRÈME ANGLAISE À LA VANILLE

4 à 6 pers. Préparation : 10 min Cuisson : 10 min

• 4 jaunes d'œufs • 125 g de sucre • 5 dl de lait • 1 cuil. à café d'extrait de vanille

Réalisation

Mélangez dans un saladier les jaunes d'œufs avec le sucre et l'extrait de vanille. Délayez avec le lait très chaud, versez dans une casserole et faites cuire à feu doux jusqu'à ce que la crème nappe la cuillère. Laissez refroidir.

SAUCE CRÈME CITRONNÉE

4 à 6 pers. **Préparation : 5 min**

• 2,5 cl de crème fraîche • 1 citron • sel, poivre

Réalisation

Pressez le citron. Versez le jus obtenu dans un bol, ajoutez du sel, du poivre et la crème. Battez à la fourchette.

Notre conseil : vous pouvez servir cette sauce froide avec un cake froid (cake au crabe et à l'aneth ou cake au thon et à la ciboulette, par exemple, recettes page 21 et page 41).
Vous pouvez aussi la faire chauffer à feu très doux (car elle ne doit pas bouillir) pour la servir avec un cake chaud comme le cake de saumon au fenouil (recette page 39).

CRÈME AU CITRON

4 à 6 pers. Préparation : 10 min Cuisson : 10 min

• 200 g de sucre • 1 œuf • 6 citrons • 125 g de beurre

Réalisation :
Faites fondre le beurre, ajoutez le sucre.
Pressez les citrons, versez le jus dans la casserole. Remuez jusqu'à ce que le sucre soit dissous.
Battez l'œuf en omelette, ajoutez-le et continuez à mélanger jusqu'à épaississement.
Laissez refroidir avant de déguster.

SIROP D'ORANGES

4 à 6 pers. Préparation : 5 min Cuisson : 10 min

• 4 oranges • 50 g de cassonade • 2 étoiles d'anis

Réalisation

Pressez les oranges, filtrez le jus, versez-le dans une casserole, ajoutez un petit verre d'eau, la cassonade et les étoiles d'anis.

Faites dissoudre la cassonade à feu doux jusqu'à ce que le sirop nappe une cuillère.

ZESTES D'ORANGES CONFITS

6 pers. **Préparation : 15 min Cuisson : 25 min**

• 6 oranges non traitées • 2,5 cl de grenadine • 50 g de sucre en poudre

Réalisation

Prélevez le zeste des oranges avec un couteau économe. Détaillez-le en bâtonnets. Faites-les blanchir pendant 5 minutes dans de l'eau bouillante, puis égouttez-les.

Pressez le jus de trois fruits, versez-le dans une casserole, ajoutez la grenadine et saupoudrez de sucre. Portez à ébullition.

Plongez les zestes dans ce sirop et faites cuire 20 minutes à feu doux. Laissez les zestes refroidir dans le sirop, puis égouttez-les et laissez-les sécher sur une grille.

Notre conseil : vous pouvez conserver ces zestes plusieurs semaines au congélateur ou plusieurs jours dans une boîte en fer hermétiquement fermée. Vous pouvez préparer de la même façon des zestes de citron et de pamplemousse.

INDEX DES RECETTES

•

CAKES SALÉS

Cake à la feta et au coulis de tomates	11
Cake à la feta et aux olives	12
Cake à la mimolette et à la noisette	13
Cake à la tomate, à la mozzarella et au basilic	14
Cake à la tomate et aux oignons	15
Cake à l'édam et aux pistaches	16
Cake au bleu et aux pruneaux	17
Cake au chèvre et aux poires	18
Cake au chèvre, aux noix et aux raisins	19
Cake au chorizo et aux olives	20
Cake au crabe et à l'aneth	21
Cake au cumin	22
Cake au gouda et au cumin	23
Cake au gruyère	24
Cake au jambon aux olives et au gruyère et aux olives	25
Cake au jambon cru et au thym	26
Cake au jambon braisé et à la moutarde	27
Cake au jambon et à la mimolette	28
Cake au jambon et à la tapenade	29

Cake au jambon et à l'estragon	30
Cake au jambon et aux figues	31
Cake au lard et au parmesan	32
Cake au lard et aux bananes	33
Cake au lard et aux petits pois	34
Cake au pistou et aux tomates	35
Cake au reblochon et aux lardons	36
Cake au roquefort et aux brocolis	37
Cake au roquefort et aux noix	38
Cake au saumon et au fenouil	39
Cake au saumon fumé et aux olives	40
Cake au thon et à la ciboulette	41
Cake au thon, aux poivrons et au piment d'Espelette	42
Cake au thon et aux olives	43
Cake aux amandes, aux tomates séchées et au basilic	44
Cake aux anchois, aux tomates séchées et aux olives noires	45
Cake aux anchois et à la ricotta	46
Cake aux artichauts et aux olives	47
Cake aux asperges	48
Cake aux carottes, au cumin et à la cannelle	49
Cake aux champignons	50

INDEX DES RECETTES

Cake aux courgettes, aux lardons et au chèvre	51
Cake aux courgettes et aux olives	52
Cake aux deux poivrons	53
Cake aux herbes	54
Cake aux légumes de printemps	55
Cake aux magrets fumés et aux pignons de pin	56
Cake aux oignons et aux lardons	57
Cake aux olives et aux herbes	58
Cake aux olives et aux tomates séchées	59
Cake aux petits pois et aux herbes	60
Cake aux pruneaux et aux lardons	61
Cake aux tomates séchées et au romarin	62
Cake aux tomates et au parmesan	63
Cake à la ricotta et aux pistaches	64
Cake aux courgettes et aux pignons	65
Cake au parmesan	66

CAKES SUCRÉS

Cake à l'ananas	67
Cake à l'anis	68
Cake à l'antillaise	69
Cake à la cannelle et au pralin	70
Cake à la noix de coco	71
Cake à la noix de coco et au chocolat noir	72
Cake à la vanille	73
Cake à l'orange, aux dattes et à la cannelle	74
Cake à l'orange, aux noix et au miel	75
Cake à l'orange et aux amandes	76
Cake au café et aux amandes	77
Cake au café et aux noix	78
Cake au chocolat et à l'orange	79
Cake au chocolat et aux épices	80
Cake au chocolat et aux noisettes	81
Cake au citron, à l'orange et au whisky	82
Cake au citron et à la fleur d'oranger	83
Cake au gingembre et aux zestes d'orange	84
Cake au potiron	85
Cake au thé vert	86
Cake aux abricots	87
Cake aux abricots et aux amandes	88

INDEX DES RECETTES

Cake aux agrumes	89
Cake aux amandes et au citron	90
Cake aux amandes et au gingembre	91
Cake aux bananes et au chocolat	92
Cake aux bananes et aux noix	93
Cake aux bananes et aux raisins	94
Cake aux cerises et au kirsch	95
Cake aux clémentines confites	96
Cake aux dattes et au gingembre confit	97
Cake aux épices	98
Cake aux figues, à l'anis et au miel	99
Cake aux figues et aux noix	100
Cake aux figues et aux pommes	101
Cake aux fraises et à la fleur d'oranger	102
Cake aux framboises	103
Cake aux fruits confits	104
Cake aux fruits rouges	105
Cake aux marrons et à l'orange	106
Cake aux mirabelles et aux raisins blonds	107
Cake aux myrtilles	108
Cake aux noisettes et au caramel	109
Cake aux noisettes et au miel	110
Cake aux noix	111
Cake aux noix de pécan	112

Cake aux noix et au gingembre	113
Cake aux noix et au miel	114
Cake aux pépites de chocolat	115
Cake aux poires et au chocolat	116
Cake aux poires et au gingembre confit	117
Cake aux pommes et à la cannelle	118
Cake aux pommes et aux abricots	119
Cake aux pommes et aux noix	120
Cake aux pruneaux et aux abricots secs	121
Cake aux prunes	122
Cake aux raisins secs et aux pignons	123
Cake aux raisins secs et aux pommes	124
Cake aux zestes d'agrumes	125
Cake aux zestes de citron et au gingembre confit	126
Cake aux zestes d'orange et aux pruneaux	127
Cake croquant aux mendiants	128
Cake glacé	129
Cake marbré	131
Cake moelleux au citron	132
Cake rhum vanille	133
Cake soufflé aux marrons	134
Cake tout chocolat	135
Cake aux amandes et aux pistaches	136

Cake aux raisins, à la vanille et au rhum 137
Cake aux noix et aux raisins secs 138
Cake aux pépites de chocolat
et aux zestes d'oranges 139
Cake à la banane et à la noix de coco 140

ACCOMPAGNEMENTS
Clémentines confites 141
Coulis de groseilles 142
Coulis de tomates aux herbes 143
Crème anglaise à la vanille 144
Sauce crème citronnée 145
Crème au citron 146
Sirop d'oranges 147
Zestes d'oranges confits 148

INDEX DES RECETTES 149